ウレタン塗膜防水工法による
屋上防水補修・改修工事指針・同解説

2022 年 6 月

一般社団法人 建築防水安全品質協議会

建築防水環境安全委員会

まえがき

　（一社）建築防水安全品質協議会は、2014年3月に「特定化学物質障害予防規則に対応したウレタン塗膜防水工事指針」を刊行した。これは、主剤にトリレンジイソシアネート（TDI）、硬化剤に3,3'-ジクロロ-4-4'-ジアミノジフェニルメタン（MBOCA）を重量の1％を超えて含有するウレタン塗膜防水材を対象として、特定化学物質障害予防規則を遵守したウレタン塗膜防水工事を実施するための技術指針である。

　今回、上記技術指針に続く新しい指針として、「ウレタン塗膜防水工法による屋上防水補修・改修工事指針・同解説」を刊行した。

　本指針は、以下に示すような考え方に基づき制定された。

①保護層付きアスファルト防水およびウレタン塗膜防水を対象として、ウレタン塗膜防水工法により補修・改修するための工事指針を具体的に示した。

②2021年2月に日本建築学会から刊行された「建築保全標準・同解説－鉄筋コンクリート造建築物」を参考として、既存防水層の調査・診断、補修・改修設計、補修・改修工事、補修・改修工事後のウレタン塗膜防水の点検について示した。

③補修・改修工事の中でコンクリート下地の補修材料・工法および墜落・転落防止対策について、重点的に記述して注意を喚起することとした。

　本指針の制定が契機となって、コンクリート下地の補修および墜落・転落防止対策に配慮した補修・改修工事が進展することを期待する。

2022年6月

一般社団法人 建築防水安全品質協議会
建築防水環境安全委員会

建築防水環境安全委員会名簿

委員長	本橋　健司	芝浦工業大学　名誉教授
副委員長	近藤　照夫	ものつくり大学　名誉教授
専門委員	永井　香織	日本大学　教授
専門委員	石原　沙織	千葉工業大学　准教授
専門委員	岡本　肇	竹中工務店 技術本部
専門委員	和田　環	鹿島建設 技術研究所
専門委員	渡辺　光	レオン工業 代表取締役
委　員	小関　晋平	ダイフレックス建築防水材チーム
委　員	長谷川清勝	ディックプルーフィング営業本部
委　員	坂口　博英	建築防水安全品質協議会 技術顧問

解説執筆委員

1章	総則	近藤　照夫
2章	調査・診断	岡本　肇
3章	補修・改修設計	和田　環
4章	補修・改修工事	渡辺　光
		小関　晋平
		長谷川清勝
5章	補修・改修工事後のウレタン塗膜防水層の点検	本橋　健司

目　　次

1．総　則

1.1　目的

> 本指針は、建築物の屋根防水層が適切、かつ的確に保全されることを目的としている。

　建築物の全体またはその部分は、建築基準法第8条（維持保全）と同第12条（報告、検査等）およびその他関連する政令、省令ならびに通達等に規定される内容を遵守し、その供用期間において所期の機能および性能が使用目的ならびに要求に適合するように保全されていなければならない。

　建築基準法は第1条において、「建築物の敷地、構造、設備および用途に関する最低の基準」を定めているとされており、建築物に要求される諸性能の保全については、建築物の所有者、管理者または占有者がそれぞれの責任において実施すべきことを規定している。同法第8条第1項では、「常時適法な状態を維持するよう努めなければならない。」と規定されており、同条第2項では、「建築物の所有者、管理者または占有者は、その建築物の敷地、構造および建築設備を常時適法な状態に維持するため、必要に応じ、その建築物の維持保全に関する準則または計画を作成し、その他適切な措置を講じなければならない。ただし、国、都道府県または建築主事を置く市町村が所有し、または管理する建築物については、この限りではない。」とされている。また、同法第12条第1項では、一定の建築物について、その所有者等は定期にその状況を資格者に調査させて、その結果を特定行政庁に報告することが義務付けられている。

　以上のような法規制に基づいて、本指針では特に建築物の屋根防水層に対する適切な保全を実施するうえでの一助となることを目的としている。

1.2　適用範囲

> ⑴本指針は、鉄筋コンクリート造、鉄骨鉄筋コンクリート造および鉄骨造建築物の鉄筋コンクリート造屋根スラブおよびベランダやバルコニーの床に施工された既存メンブレン防水層を対象としたウレタン塗膜防水による補修・改修工事に適用する。
> ⑵本指針で防水補修・改修工事の対象とする既存のメンブレン防水層は、以下の2種類とする。
> 　①保護層付きアスファルト防水
> 　②ウレタン塗膜防水
> ⑶本指針には、屋根防水補修・改修工事における安全を確保するため、陸屋根において墜落・転落防止を目的とする標準的な安全対策を含む。
> ⑷本指針には、ウレタン塗膜防水を用いる補修・改修工事に必要な以下の内容を含む。
> 　①既存防水層に対する標準的な調査・診断の方法と評価基準
> 　②防水補修・改修工事に対する設計標準
> 　③防水補修・改修工事の標準的な施工方法と品質管理
> 　④防水補修・改修工事が終了した後の標準的な維持管理

⑴本指針の適用範囲は、鉄筋コンクリート造、鉄骨鉄筋コンクリート造および鉄骨造建築物における鉄筋コンクリート造屋根スラブのみではなく、外壁面に設置されている屋内とは隔たられたスペースであるベランダとバルコニーの床を含む。「ベランダ」とは屋根のある張り出し部であり、「バルコニー」は屋

根の無い張り出し部である。

⑵本指針では、ウレタン塗膜防水による⑴に規定する屋根スラブおよびベランダとバルコニーの床に対する防水補修・改修工事を対象としており、既存のメンブレン防水層は防水補修・改修工事に採用されるウレタン塗膜防水が適用可能な以下の2種類に限定している。

　　　①保護層付きアスファルト防水

　　　②ウレタン塗膜防水

⑶本指針には勾配屋根に対する防水層は含まず、陸屋根に対する防水層を主対象としており、屋根スラブや床に対する防水補修・改修工事が事故なく施工できるよう、墜落や転落の災害を防止するための標準的な安全対策を含んでいる。

⑷本指針は防水補修・改修工事を対象としているため、既存防水層の状態は様々であるが、代表的な変状（劣化と不具合）に対する標準的な調査・診断、防水補修・改修工事設計標準および標準的な施工方法と品質管理、ならびに防水補修・改修工事を終了した後の維持管理を適用範囲としている。

1.3　用語

本指針に用いる用語の意味は、以下のとおりとする。

変　　状：建築物の屋根スラブおよびベランダやバルコニーの床に施工されたメンブレン防水層に、何らかの原因で生じている本来あるべき姿ではない状態

劣　　化：建築物の屋根スラブおよびベランダやバルコニーの床に施工されたメンブレン防水層の組織構造や特性に、物理的、化学的、生物学的な要因による経時的な変化を生じ、性能が低下すること

不 具 合：初期欠陥など劣化以外の要因により、建築物の屋根スラブおよびベランダやバルコニーの床に施工されたメンブレン防水層の本来あるべき性能が発揮できていない状態

調　　査：ウレタン塗膜防水による補修・改修が可能な既存の保護層付きアスファルト防水あるいはウレタン塗膜防水、およびこれらの防水層と取合う周辺部を対象として主として目視観察によって変状を評価すること。必要に応じて、サンプリングをともなう詳細調査を含む。

補　　修：漏水やその痕跡が認められ、調査によって雨水浸入箇所が特定された場合に、その部分のみを対象として防水材料を塗付したりする局所的な防水工事、およびウレタン塗膜防水における仕上塗料の塗替えのみを施すこと

改　　修：既存の屋根に対して、ウレタン塗膜防水工事を全面的に施工することを基本とする。ただし、一区画の既存屋根に対して、既存防水層が有する初期の防水性能を上回らない仕様により、改修する場合を含む。

日常点検：ウレタン塗膜防水層の状態を日常的に把握するとともに、必要に応じて適切な措置を施す。

定期点検：建築物の状態を定期的に把握するとともに、必要に応じて適切な措置を施す。

臨時点検：外壁の剥落、著しい漏水などが発生した場合、または地震、台風、火災等が発生した後に、所有者等の依頼に応じて、それらの建築物への影響を把握する。

本指針に用いる用語は、一般的な保全に関連する用語の定義を基本としているが、ウレタン塗膜防水に

よる補修・改修工事に特化した定義をしている。主要な内容を以下に解説する。

　既存防水層に対する「調査」は、主として目視観察によって、表面的な変状（劣化と不具合）の種類、範囲および程度を把握することを基本としている。目視観察の対象は、既存防水層のみではなく、ドレン、パラペット、塔屋の壁面や出入口回り、および構造体と一体化している設備基礎など防水層と取合う周辺部（以下、取合い周辺部と記す）も含んでいる。また、調査の結果に基づいて「補修・改修工事」を実施すると判断された場合に、補修・改修設計において補修・改修工法を選定する際に必要な情報を得るために、既存防水層のサンプリングをともなう「詳細調査」を行うことがある。さらに、補修・改修設計において補修・改修工法が特記された場合にも、施工段階において特記された補修・改修施工が可能か否かを確認する際に、「施工調査」と称して「詳細調査」の内容を実施することを含んでいる。

　「補修」は単に「部分補修」、あるいは「改修」は「全面改修」および「既存材料の初期性能を上回る改修用材料・工法を用いること」を意味するものではなく、以下のような定義としている。「補修」には調査によって漏水やその痕跡が認められ、雨水浸入箇所が特定された場合に、その部分のみを対象として局所的に防水材料を塗付する工事のほかに、ウレタン塗膜防水における仕上塗料の塗替えのみを実施することを含んでいる。また、「改修」には、一区画の既存屋根に対して、既存防水層が有する初期の防水性能を上回らない仕様を適用して、改修することも含んでいる。

　本指針では、本指針に基づく補修・改修工事を実施した後のウレタン塗膜防水層に対する維持管理として、「点検」までを含んでおり、保全計画にしたがって適切な保全を継続することとしている。「点検」は、内容や頻度により「日常点検」と「定期点検」および「臨時点検」に分けられ、的確な保全を実施されることが望ましい。「日常点検」は、所有者もしくは使用者等がウレタン防水層に限定はしないで、建築物全体に対する日常の巡回等の一環としてウレタン塗膜防水層の状態を目視して、変状（気付いたこと）を記録して、必要に応じて保守や応急措置を施す。また、「定期点検」は、保全計画に準じて一定期間ごとに変状の確認をする目的で実施するものである。所有者・管理者等との契約に基づいて専門的知識を有する技術者が実施して、その範囲や方法については建築物の使用目的や使用環境等に応じて、事前に保全契約の内容に盛り込んでおくことが基本となる。変状を確認した場合には、日常点検と同様に必要な保守や応急措置を施す。さらに、「臨時点検」は、上記の「日常点検」や「定期点検」とは異なり、保全契約の範囲外で不定期に臨時に点検が依頼されるもので、特に人命や身体及び財産に被害を及ぼす可能性がある事象に対して、最優先に実施されるものである。外壁の剥落や著しい漏水などは、所有者・使用者のみならず第三者の人命や身体に影響を及ぼす事象で、建築物として具備すべき機能が通常の使用において支障をきたす恐れがあるものであり、依頼の目的に応じた適切な点検が実施されなければならない。特に、地震、台風、火災などによる大きな災害を受けた場合には、目に見えない部位・部材および構造体等においても損傷を生じていることが懸念されるため、専門的知識を有する技術者に依頼することが望ましい。

1.4　本指針における補修・改修工事の流れ

　本指針に基づくウレタン塗膜防水工法による屋上防水補修・改修工事は、図1.1に示す流れに準じて実施する。

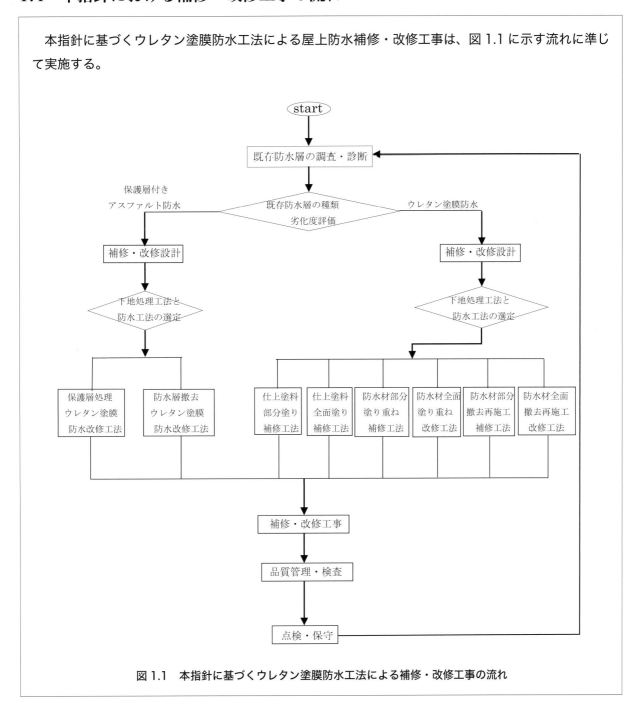

図1.1　本指針に基づくウレタン塗膜防水工法による補修・改修工事の流れ

　既存防水層が保護層付きアスファルト防水もしくはウレタン塗膜防水である場合に、本指針に基づくウレタン塗膜防水工法を用いる屋上防水の補修・改修工事は、図1.1に示す流れを基本とする。

　詳細な内容については、2章 調査・診断、3章 補修・改修設計、4章 補修・改修工事 および5章 補修・改修工事後のウレタン塗膜防水の点検に示されている。

2．調査・診断

2.1　概要

2.1.1　調査対象と目的

---

a．調査対象は、陸屋根の保護層付きアスファルト防水、ウレタン塗膜防水およびこれらと取り合う周辺部（以下、取合い周辺部という）とする。

b．調査は主として目視観察により、表面的な変状の種類、範囲および程度を把握し、必要に応じてサンプリングを伴う詳細調査を行う。

c．調査結果により、点検の継続、補修（局所的な補修など）または改修（全面的な補修を含む）の区分を判定する。

d．改修（全面的な補修を含む）が必要と判定された場合では、改修設計を行う際に必要な情報を得るための詳細調査の要否を判断して、必要な場合は詳細調査を実施する。

---

a．調査対象は、ウレタン塗膜防水での補修・改修が可能な、保護層付きアスファルト防水、ウレタン塗膜防水とし、ドレン、パラペット、塔屋の壁面や出入口回り、構造体と一体の設備基礎など、防水層と取り合う周辺部も含み、変状を主に目視で調査する。また、漏水およびその痕跡の有無を確認するため、最上階の天井および天井内も対象とする。

b．調査は、対象である陸屋根において、目視観察によって表面的な変状の種類、範囲および程度を把握する。なお、詳細調査においては、サンプリングにより劣化状況をより具体的に把握する。

c．調査結果より、点検の継続、補修（局所的な補修など）または改修（全面的な補修を含む）の実施の区分を判定する。ここで、「補修」とは、漏水やその痕跡が認められ、その雨水浸入箇所が特定された場合に、その部分のみに防水材料を塗付けたりする局所的な補修や、ウレタン塗膜防水における仕上塗料の塗り替えのみの補修（部分塗りだけでなく全面塗りの場合も含む）が該当する。また、「改修」は、既存防水層が有する初期の防水性能を上回らないが、一区画に対して防水層を改修することも含んでいる。

d．詳細調査の主たる目的は、調査・診断において「改修」と判断された場合に、改修設計において改修工法を選定する際に必要な情報が得ることであり、およその改修工法を絞り込んだ時点で、詳細調査の要否が判断できるように、その判断基準を設定しておく。また、改修設計において改修工法が決定した段階で、実際に施工可能かどうかを確認するための施工調査の扱いで、詳細調査に示された内容を実施する。

ウレタン塗膜防水で改修する前提で、既存防水層の詳細調査が必要となる例として下記が 想定される。

　(1)平場の既存防水層を全撤去する改修工法を採用する場合

　　騒音、振動など既存防水層の撤去方法に対する制約条件とも関係するが、下地から既存防水層をうまく撤去できるかの確認が必要なことがある。

　(2)平場の防水層または保護層を残置したまま新規ウレタン塗膜防水層をその上から施工する塗り重ね改修を採用する場合

　　　新規防水層との適合性（相性）を判断するため、詳細調査において物性試験を実施し、既存防水層の種類の特定や、劣化の度合いを確認する必要がある。また、既存防水層の劣化の度合いに

よって新規防水層を施工するための下地処理方法が異なる場合もある。

　また、ウレタン塗膜防水で改修する際には、強風が想定される陸屋根においては耐風圧性の確保が重要であり、下地となる既存保護層、既存防水層との接着強度を確認する必要がある。

⑶その他

　保護層付きアスファルト防水層では、防水層内部の劣化の度合いは目視では判定できない。防水改修の設計では、既存防水層に防水機能を期待しないのが基本方針といえるが、既存防水層の状態が改修後の防水層の耐用年数に少なからず影響を及ぼすとも考えられるため、およその耐用年数を見込む際の参考として、既存防水層の状態を把握する場合もある。

　また、「点検の継続」または「補修（局部的な補修）」と判断された場合でも、次回の調査・診断や改修の時期などを計画するため、防水層の劣化度を把握しておきたいというニーズもある。

　なお、詳細調査は、改修設計において選定する改修工法および材料を確定することなどを目的として行うものであり、実際には実施しないことが多い。

2.1.2　調査・診断の手順

a．調査・診断の流れは図 2.1 による。

b．調査の結果は、当該建築物の平面図や立面図等に記録し、代表的な変状については写真により
記録する。

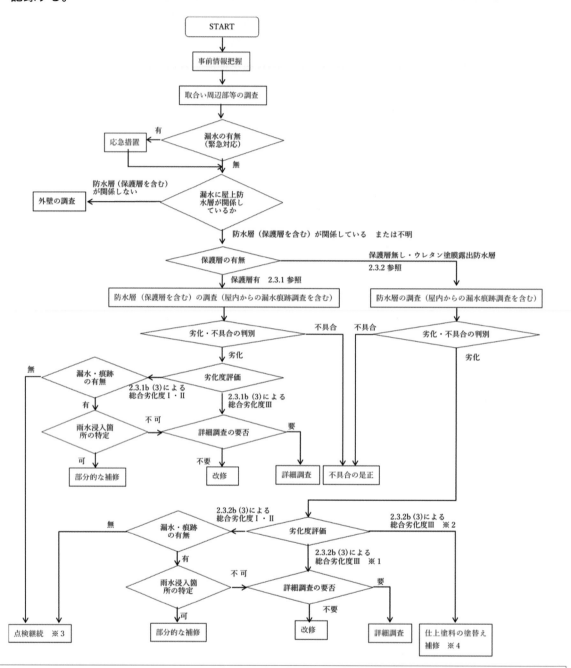

※1　2.3.2b ウレタン塗膜防水層の劣化・不具合の判別および劣化度評価と判定」に記載の、ウレタン塗膜防水層における仕上塗料に関わる劣化度評価を除く

※2　「2.3.2b ウレタン塗膜防水層の劣化・不具合の判別および劣化度評価と判定」に記載の、ウレタン塗膜防水層における仕上塗料に関わる劣化度評価のみが個別劣化度ⅲで、劣化度評価が総合劣化度Ⅲとなる場合

※3　2.3.1b または 2.3.2b 記載の劣化度評価が総合劣化度Ⅱである場合は、早い段階で再度、調査・診断を行う

※4　仕上塗料の個別劣化度がⅲとなる箇所数やその位置、面積を総合的に判断し、仕上塗料の塗替え（部分塗り補修か全面塗り補修）を行う

図 2.1　調査・診断の流れ

a．調査を行う前に、十分な安全対策を講じることが重要である。特に、手すりのない屋根において調査する場合は、調査者が転落しないよう、また、道具・資材等を落下させないように、必要な安全対策を講じる。

　調査においては、脱落や飛散などの危険性の有無を先行して調査し、緊急性が認められた場合は、速やかに必要な応急措置を講じる。その後、防水層や保護層よりも先行して、それらと取り合う周辺部を調査する。調査の結果、構造体に起因する可能性のある変状が認められた場合は、依頼者に報告し、外装仕上げまたは構造体の調査の実施を提案する。

　続いて、ウレタン塗膜防水層や保護層などの変状を調査し、通常の経年劣化によるものなのか、あるいは排水勾配の不足による排水障害（水溜り）、水切り不良、納まり不良などといった不具合によるものなのかを判別する。そのうえで劣化について劣化度を評価する。不具合が認められた場合には、補修・改修設計において対応を検討し、改修材料・工法を選定する際にはその影響を十分に考慮する。

b．目視観察、指触観察、打音検査などによって把握された変状は、平面図、立面図等に記録する。代表的な変状については写真などを撮影して記録する。

2.1.3　事前情報把握

> a．調査開始前に、下記の項目について把握する。
> 　⑴対象建築物の概要、新築時の設計図書・防水工事記録、周辺環境の概況
> 　⑵対象建築物の現在の概況
> 　⑶対象建築物の防水改修の履歴および記録、維持管理の状態
> 　⑷調査・診断に当たっての制約条件
> 　⑸漏水の有無とその内容
> b．事前情報把握は、資料調査、及び依頼者との聞き取りなどによって行う。

a．b．調査開始前に、試験や細部の目視観察を伴わない対象建築物の大まかな現状の全体像を把握する。また、調査・診断を行う場合の音・震動・時間等の制約条件の有無などを確認する。さらに、調査を行うに至った動機（漏水の有無とその内容など）、予定する補修・改修の内容、範囲及び将来の使用予定年数等も依頼者から聞き取ることが必要である。漏水に関するアンケート項目例を解説表 1 に示す。

解説表 2.1　アンケート項目例

①	建物名称
②	漏水の有無
③	漏水箇所　階　部屋　部位　ひび割れの有無
④	漏水時の状況　降雨の有無　タイミング　風向き　降雨の程度　季節　換気状況　結露状況
⑤	漏水量
⑥	その他

2.2 取合い周辺部等の調査
2.2.1 防水層と取合う部位の調査

a．防水層および保護層よりも先行して、取合い周辺部の変状を調査する。調査する変状の種類および調査方法は特記による。

b．落下、飛散、排水不良など、緊急の対策を要する場合には、依頼者と協議のうえ、応急措置を講ずる。

c．取合い周辺部の変状が防水層および保護層以外に起因していると判断された場合は、依頼者に外壁調査の実施を提案する。

a．防水層または保護層と取り合う部位について、調査する変状の種類および調査方法例を解説表 2.2、および変状例を解説写真 2.1 に示す。

解説表 2.2 防水層または保護層と取合う部位における変状の種類および調査方法

対象の部位・部材	変状の種類	調査方法
露出防水層の押え金物、固定金物など	金物類のあばれ、脱落	目視、スケール
ドレン	ルーフドレンのがたつき、破損、腐食など	目視、指触
設備、手すりなどの基礎	ひび割れ、欠損など	目視
トップライト、はと小屋の立上り	ひび割れ、欠損、はく離など	目視
パラペット	外部側のひび割れ（パラペットの押出し）	目視、双眼鏡
パラペットのあご、天端（笠木）および付属物	モルタル・タイル笠木のひび割れ、浮き、欠損など 金属笠木のがたつき、脱落など	目視、指触、スケール、テストハンマー
	パラペット（コンクリート）のひび割れなど	目視、スケール
	丸環や手摺のがたつき、取付け部のひび割れ、錆など	目視、指触、スケール
塔屋の腰回り、出入口建具回り、屋外階段の足元など	塔屋壁面のひび割れ、浮きなど	目視、テストハンマー
	出入口回りのひび割れ、損傷など	目視、テストハンマー
	屋外階段足元のひび割れ、損傷など	目視、テストハンマー
その他	ドレン・排水溝への土砂の堆積、ポリ袋による閉塞など	目視
	ドレン・排水溝・防水保護層への植物の繁茂など	目視
	露出防水層への植物の繁茂など	目視

ひび割れ

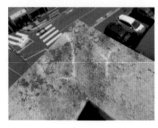
浮き

欠損

解説写真 2.1 モルタル笠木の変状例

ｂ．立上り乾式保護板の割れや脱落、金物類のぐらつきや脱落、パラペット天端のモルタル笠木やタイル
　の浮きなど、強風や地震などにより、落下・飛散のおそれのある部分は、速やかに除去するか、落下
　防止の応急措置などを講じる。

　　ドレンや排水溝に、雨水の排水を妨げる土砂やポリ袋などが詰まっている場合は、降雨に備え、速
　やかにこれらを除去する。ただし、防水層に植物が繁茂している場合は、安易に除去すると、かえっ
　て防水層を痛め、漏水を引き起こすこともあるため、慎重に取り扱う。

ｃ．外壁調査が必要となる防水層や保護層の変状の例としては、下記が挙げられる。

　　　　　・モルタル・タイル笠木のひび割れ、浮き、欠損など
　　　　　・金属笠木のシーリング材のはく離、口開きなど
　　　　　・パラペットのあご、天端のひび割れなど
　　　　　・パラペットに取り付く丸環や手すりのがたつき、取付け部のひび割れ・さびなど
　　　　　・構造体と一体の設備基礎等のひび割れ、欠損など
　　　　　・屋外階段の足元のひび割れ、損傷など
　　　　　・塔屋壁面や出入口回りのひび割れ、浮きなど
　　　　　・トップライト、はと小屋の立上りのひび割れ、欠損、剥離など
　　　　　・パラペット外部側の水平ひび割れ（パラペットの押出しによる）
　　　　　・スラブの構造的なひび割れによる平場防水層の破断やしわなど
　　　　　・天井内のコンクリートスラブ下面のエフロレッセンスやさび汁の付着など

　　平場の保護コンクリートの熱膨張によって、パラペットの外部側に水平方向の連続したひび割れが
生じている場合や、パラペットの天端・あご、塔屋壁の足元・出入口回り、設備基礎、トップライト
など、構造体あるいは構造体と一体となったコンクリートにまで達するひび割れや鉄筋腐食によるさ
び汁が発生している場合などは、表層だけの補修で済まさずに、構造体の詳細調査を実施し、適切な
補修を実施することが重要である。その他にも、パラペットにおける丸環や手摺の取付け部、ドレン
回り、屋外鉄骨階段との取合い部なども注意が必要である。

2.2.2　屋内からの漏水とその痕跡の調査

> ａ．最上階の天井を目視で調査し、漏水およびその痕跡の有無を確認する。ただし、点検の記録等に
> 　よって確認できる場合は、この調査を省略することができる。
> ｂ．漏水またはその痕跡が認められた場合は、依頼者の許可を得たうえで、天井内を調査し、屋根ス
> 　ラブの下面の状態を確認する。調査する変状の種類および調査方法は特記による。

ａ．最上階の各室に入り、天井に漏水や漏水による汚れ、シミなどの痕跡の有無を確認する。日常の点検
　の記録等によって確認できる場合は、最上階の天井の調査を省略することができる。
ｂ．漏水またはその痕跡が認められた場合、点検口などがあれば、天井の内部を調査し、屋根スラブの下
　面などの状態を確認する。調査する変状の種類および調査方法を特記する際の参考として解説表2.3
　を示す。

解説表 2.3　最上階の天井および天井内において調査する変状の種類および調査方法

対象の部位・部材	変状の種類	調査方法
最上階の天井	天井仕上げ材の汚れ、しみなど	目視
最上階の天井内	屋根スラブの下面のひび割れ、エフロレッセンス、さび汁など	目視

2.3　防水層の調査

2.3.1　保護層付きアスファルト防水の調査

a．調査方法

> ⑴保護層付きアスファルト防水の保護層における変状を調査する。
>
> ⑵調査する変状の種類および調査方法は特記による。
>
> ⑶漏水またはその痕跡が確認された場合は、この変状調査において、雨水の浸入箇所を調査する。調査方法は目視とする。

⑴陸屋根の平場および立上りの保護層について、変状を調査する。

⑵調査する変状の種類および調査方法を特記する場合の参考としての解説表 2.4、および具体的変状例を解説写真 2.2 に示す。調査方法には、目視のほか、指触、スケールやテストハンマーなどの簡易な道具を用いるものがある。

解説表 2.4　保護層における変状の種類および調査方法

対象の部位・部材		変状の種類	調査方法
平場	現場打ちコンクリート	平場保護層のひび割れ，せり上り，欠損，表面脆弱化，汚損物付着など	目視，スケール
		伸縮目地材の浮き出し，脱離など	目視
	アスファルトコンクリート	摩耗，へこみ，割れなど	目視
	コンクリート平板類	ずれ，あばれ（不陸)，破損など	目視
	砂利	移動など	目視
	モルタル	ひび割れ，浮き，はく離など	目視，テストハンマー
	陶磁器質タイル	浮き，欠け，剥がれなど	目視，テストハンマー
	ポリマーセメントモルタル	ひび割れ，浮き，はく離など	目視，テストハンマー
	ウレタン舗装材	減耗，損傷など	目視
	その他の床材	減耗，ひび割れ，欠損，浮き，剥がれなど	目視
立上り	現場打ちコンクリート	立上り保護層のひび割れ，倒れ．欠損など	目視，スケール
		伸縮目地材の浮き出し，脱離など	目視
	モルタル	ひび割れ，浮き，はく離など	目視，テストハンマー
	れんが類	欠損，倒壊など	目視
	乾式保護板	欠け，割れ，脱落など	目視

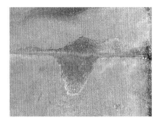
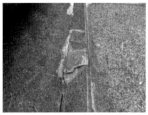

| 表面の脆弱化 | 欠損 | ひび割れ | 汚損物（苔）付着 |

解説写真 2,2　平場の現場打ちコンクリート保護層の変状例

⑶最上階の天井および天井内の変状調査において漏水またはその痕跡が確認された場合は、保護層の変状調査と同時に、雨水浸入箇所を特定すべく調査する。調査方法は目視とする。ドレン等を塞ぎ、陸屋根全体に水を張る、いわゆる「水張り試験」が行われる場合もあるが、直下階では、漏れた水に対する養生が必要となる。雨水の浸入箇所を絞り込み、例えば、ドレン回りだけを囲い、部分的に水を張ってもよい。

b．劣化・不具合の判別および劣化度評価と判定

⑴保護層の変状が、通常の経年劣化によるものか、不具合によるものかを判別する。

⑵保護層において確認された劣化の種類ごとに個別劣化度を評価する。個々の評価基準は、下記に示す i、ii および iii を目安とし、特記により定める。

　　i ：劣化は表面的でかつ軽微か、ほとんど認められない

　　ii ：表面に顕著な劣化が認められるが直ちに漏水に繋がる程ではない

　　iii ：劣化が保護層の下の防水層まで至っており、貫通している可能性がある

⑶総合劣化度は I、II および III の 3 段階で評価する。総合劣化度は、個別劣化度の次数の最も高いものを代表させ、個別劣化度が i、ii および iii の場合の総合劣化度はそれぞれ I、II および III とする。

⑷劣化度評価をもとに、点検の継続、補修（局所的な補修）、改修（全面的な補修を含む）の判定を行う。

⑴防水層の変状が、排水勾配の不足や納まり不良などの不具合によるものであると判断された場合は、これらの不具合を放置せず、改修設計において対策を検討し、適切な処置を施したうえで防水の補修・改修を行うことが重要であり、診断においては別扱いとする。

⑵保護層の個別劣化度の評価基準を特記する場合の参考として解説表 2.5 を示す。

解説表 2.5　調査における保護層の個別劣化度の評価基準

調査項目	個別劣化度		
	i	ii	iii
平場保護層のひび割れ、せり上がり、欠損、凍害、その他	ひび割れ 1mm 未満	ひび割れ 1～3mm	ひび割れ 3mm 以上、せり上りなど
立上り保護層のひび割れ、せり上がり、欠損、凍害、その他	ひび割れ 1mm 未満	ひび割れ 1～3mm	ひび割れ 3mm 以上、倒れなど
伸縮目地部の異常	外観上の異常を認めず	突出・圧密	脱落・折損

　同解説表において、保護層の各調査項目に対する個別劣化度は、1980年から5年間にわたって実施された建設省総合技術開発プロジェクト「建築物の耐久性向上技術の開発（以下、耐久性総プロ）」と、独立行政法人（当時）建築研究所が2009年からの2年間で耐久性総プロの成果の一部について見直しを行った「建築物の長期使用に対応した材料・部材の品質確保・維持保全手法の開発」によって作成されたものである。

　なお、それぞれの変状について、個別劣化度ⅰ、ⅱおよびⅲに該当する見本写真が、国立研究開発法人建築研究所のWebサイト（http://www.kenken.go.jp/japanese/contents/publications/data/145/）に掲載されている。

(3)上記のプロジェクトでは、劣化度のⅠ、ⅡおよびⅢを下記のように想定している。

　　　劣化度Ⅰ：このまま点検を継続し、しばらくは放置可能な状態

　　　劣化度Ⅱ：早い段階で再度調査・診断を実施することを条件に短期間の放置は可能な状態

　　　劣化度Ⅲ：原則として詳細調査が必要な状態

　本書では、Ⅰ、ⅡおよびⅢを総合劣化度と称し、上記と同様の状態を想定している。

　また、個々の変状の種類に対応する個別劣化度をそれぞれ小文字のⅰ、ⅱおよびⅲとしている。さらに、漏水は通常、最も状態の悪い劣化現象によって引き起こされることが多いため、個別劣化度の最も評価の悪いものを総合劣化度とする。

(4)劣化度評価と判定は、以下による。解説表2.6に簡略化して示す。

（ⅰ）保護層の総合劣化度がⅠまたはⅡであり、かつ、漏水またはその痕跡が認められなかった場合は、点検を継続する。ただし、総合劣化度がⅡの場合は、早い段階で再度、調査・診断を行う。

（ⅱ）保護層の総合劣化度がⅠまたはⅡであり、かつ、雨水の浸入箇所が特定された場合は、雨水浸入箇所を補修（局所的な補修）とする。

（ⅲ）保護層の総合劣化度がⅠまたはⅡで、かつ漏水またはその痕跡が認められたものの雨水浸入箇所が特定されなかった場合、および、保護層の総合劣化度がⅢの場合は、詳細調査の要否を判断し、詳細調査を実施しない場合は改修（全面的な補修を含む）とする。

解説表2.6　保護層の劣化度評価と判定

保護層の総合劣化度	漏水またはその痕跡	雨水浸入箇所特定状況	判定
Ⅰ	なし	－	点検を継続
Ⅱ			点検を継続　早い段階で再度調査
ⅠまたはⅡ	あり	雨水浸入箇所特定	雨水浸入箇所を補修（局所的な補修）
		雨水浸入箇所が特定されない	詳細調査の要否を判断し，実施しない場合は改修（全面的な補修を含む）
Ⅲ		－	

2.3.2　ウレタン塗膜防水層の調査

ａ．調査方法

> ⑴ウレタン塗膜防水層における変状を調査する。
> ⑵調査する変状の種類および調査方法は特記による。
> ⑶漏水またはその痕跡が確認された場合は、この変状調査において、雨水の浸入箇所を調査する。調査方法は目視とする。

⑴陸屋根の平場および立上りのウレタン塗膜防水層について、変状を調査する。

⑵調査する変状の種類および調査方法を特記する場合の参考としての解説表 2.7、および具体的変状例を解説写真 2.3 に示す。調査方法には、目視のほか、指触、スケールやテストハンマーなどの簡易な道具を用いるものがある。

解説表 2.7　ウレタン塗膜防水層における変状の種類および調査方法

対象の部位	変状の種類	調査方法
平場・立上り	仕上塗料の劣化	目視、指触、スケール
	防水層の表層ひび割れ、防水層の貫通破断	目視、スケール
	防水層のふくれ・浮き	目視、スケール
	防水層の端末はく離	目視、スケール
	防水層立上り際の入隅の浮き高さ	目視、スケール

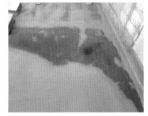   

仕上塗料の劣化　　　　防水層ひび割れ　　　　防水層浮き　　　　防水層ふくれ
塵埃堆積

解説写真 2.3　ウレタン塗膜防水層の変状例

　最も一般的に見られる変状は、防水層の仕上塗料の劣化と、防水層の表層ひび割れ、防水層の貫通破断という表層の変状がきっかけになっているものであり、ふくれ、端末はく離等の劣化現象を含まない劣化状態においては、解説表 2.8 に示すように劣化の進行程度により状況は変化する。

解説表 2.8　ウレタン塗膜防水層における表層の劣化の進行程度による変状の変化

表層劣化レベル①	表層劣化レベル②	表層劣化レベル③
仕上塗料の表面が紫外線劣化により白亜化	表面の仕上塗料に微細な亀裂が発生	亀裂幅が拡がり亀裂の数も増加
防水層の保護・仕上層である仕上塗料がその機能を発揮することで、仕上塗料表面が粉化する現象である。劣化の初期症状で、ひび割れもしくは摩耗にてウレタン層が露出するまでは防水機能に大きな影響はない。	仕上塗料の劣化が急激に進行するシグナルともいえる時期である。この段階での補修・改修は、仕上塗料の塗替えによる延命処置を行う。また、定期的な補修・改修計画を考慮して、この段階で塗り重ね改修を行うこともある。	ウレタン層が露出し、防水層の劣化が急激に進する時期である。この段階での補修・改修は、仕上塗料の塗替えによる延命処置を行う。また、定期的な補修・改修計画を考慮して、この段階で塗り重ね改修を行うこともある。

表層劣化レベル④	表層劣化レベル⑤	表層劣化レベル⑥
仕上塗料が摩耗してウレタン層が露出	仕上塗料が消失し、ウレタン層の紫外線劣化が進行してクレーター状に	ウレタン層が消失し、通気緩衝シートが露出
ウレタン層が露出し、防水層の劣化が急激に進行する時期である。この段階での補修・改修は、仕上塗料の塗替えによる延命処置が行える限界のレベルである。塗り重ね改修も行える。	ウレタン層が露出し、防水層の劣化が急激に進行している時期である。この段階での補修・改修は、塗り重ね改修を行う。	この症状が床面積の高割合を占めると塗り重ね改修が不可能である。既存防水撤去後に改修、あるいは機械的固定工法により改修することになる。

(3)最上階の天井および天井内の変状調査において漏水またはその痕跡が確認された場合は、ウレタン塗膜防水層の変状調査と同時に、雨水浸入箇所を特定すべく調査する。調査方法は目視とする。ドレン等を塞ぎ、陸屋根全体に水を張る、いわゆる「水張り試験」が行われる場合もあるが、直下階では、漏れた水に対する養生が必要となる。雨水の浸入箇所を絞り込み、例えば、ドレン回りだけを囲い、部分的に水を張ってもよい。

b．ウレタン塗膜防水層の劣化・不具合の判別および劣化度評価と判定

⑴防水層の変状が、通常の経年劣化によるものか、不具合によるものかを判別する。

⑵露出防水層において確認された劣化の種類ごとに個別劣化度を評価する。個々の評価基準は、下記に示すⅰ、ⅱおよびⅲを目安とし、特記により定める。

　ⅰ：劣化は表面的でかつ軽微か、ほとんど認められない

　ⅱ：表面に顕著な劣化が認められるが直ちに漏水に繋がる程ではない

　ⅲ：劣化が防水層を貫通しているか、貫通している可能性がある、または仕上塗料が消失している

⑶総合劣化度はⅠ、ⅡおよびⅢの３段階で評価する。総合劣化度は、個別劣化度の次数の最も高いものを代表させ、個別劣化度がⅰ、ⅱおよびⅲの場合の総合劣化度はそれぞれⅠ、ⅡおよびⅢとする。

⑷劣化度評価をもとに、点検の継続、補修（局所的な補修）、改修（全面的な補修を含む）の判定を行う。

⑴前項の保護層の劣化・不具合の判別および劣化度評価と判定に準ずる。

⑵個別劣化度の評価基準の参考として解説表2.9を示す。

解説表 2.9　調査におけるウレタン塗膜防水層の個別劣化度の評価基準

調査項目	個別劣化度		
	ⅰ	ⅱ	ⅲ
仕上塗料の劣化	仕上塗料の変退色または白亜化度：等級1 表層劣化レベル※①まで	仕上塗料の減耗または白亜化度：等級2〜3 表層劣化レベル※②〜③	仕上塗料の消失または白亜化度：等級4〜5 表層劣化レベル※④ 防水層損耗無し
防水層のひび割れ・破断	外観上の異常を認めず	防水層表面のひび割れ 表層劣化レベル※②〜④	防水層の貫通ひび割れ（破断） 表層劣化レベル※⑤〜⑥
防水層のふくれ・浮き	面積比 10%未満	面積比 10%以上、30%未満	面積比 30%以上または1個の長径が 300mm 以上
防水層の端末はく離	外観上の異常を認めず	−	はく離あり

※）解説表 2.8 記載の表層劣化レベル

　個別劣化度は、前項記載の研究成果を基に設定しており、調査項目の仕上塗料の劣化、防水層のひび割れ・破断の評価については、解説表2.8も参考にする。

⑶前項の保護層の劣化・不具合の判別および劣化度評価と判定に準じ、ウレタン塗膜防水層の劣化度のⅠ、ⅡおよびⅢを下記のように想定している。

　　劣化度Ⅰ：このまま点検を継続し、しばらくは放置可能な状態

　　劣化度Ⅱ：早い段階で再度調査・診断を実施することを条件に短期間の放置は可能な状態

　　劣化度Ⅲ：原則として詳細調査が必要な状態

　また、個々の変状の種類に対応する個別劣化度をそれぞれ小文字のⅰ、ⅱおよびⅲとし、個別劣化度の最も評価の悪いものを総合的劣化度とすることにした。

⑷劣化度評価と判定は、以下による。解説表 2.10 に簡略化して示す。

（ⅰ）ウレタン塗膜防水層の総合劣化度がⅠまたはⅡであり、かつ、漏水またはその痕跡が認められなかった場合は、点検を継続する。ただし、総合劣化度がⅡの場合は、早い段階で再度、調査・診断を行う。

（ⅱ）ウレタン塗膜防水層の総合劣化度がⅠまたはⅡであり、かつ、雨水の浸入箇所が特定された場合は、

雨水浸入箇所を補修（局所的な補修）とする。

(iii) ウレタン塗膜防水層の総合劣化度がⅠまたはⅡで、かつ漏水またはその痕跡が認められたものの雨水浸入箇所が特定されなかった場合、および、ウレタン塗膜防水層の総合劣化度がⅢの場合は、改修（全面的な補修を含む）とする。

(iv) ウレタン塗膜防水層の総合劣化度がⅢであるが、ウレタン塗膜防水層における仕上塗料に関わる劣化度評価のみが個別劣化度ⅲで、劣化度評価がⅢとなっている場合は、仕上塗料の塗替えによる補修とする。なお、仕上塗料の個別劣化度がⅲとなる箇所数やその位置、面積を総合的に判断し、部分塗り補修か全面塗り補修を選択する。

解説表 2.10　ウレタン塗膜防水層の劣化度評価と判定

ウレタン塗膜防水層の総合劣化度	漏水またはその痕跡	雨水浸入箇所特定状況	判定
Ⅰ	なし	―	点検を継続
Ⅱ			点検を継続　早い段階で再度調査
Ⅰ または Ⅱ	あり	雨水浸入箇所特定	雨水浸入箇所を補修（局所的な補修）
		雨水浸入箇所が特定されない	詳細調査の要否を判断し、実施しない場合は改修（全面的な補修を含む）
Ⅲ 仕上塗料に関わる劣化度評価のみがⅲの場合を除く	―		
Ⅲ 仕上塗料に関わる劣化度評価のみがⅲの場合			仕上塗料の塗替えによる補修（部分塗りまたは全面塗り）

2.3.3　防水層の詳細調査

a．詳細調査の方法

⑴陸屋根の一般部分から２カ所以上を選び、防水層を切り取る。

⑵上記のほかにも必要な部分があれば、監理者と協議のうえ、同様に試料の切取りを行う。

⑶詳細調査における試験項目および方法は特記による。

⑴保護防水工法の場合、目視で防水層の状態を把握することができないため、陸屋根の一般部分から２カ所以上を選び、保護層を部分的に撤去して必要量の防水層を採取する。

ウレタン塗膜防水工法の場合、試料は、一区画の陸屋根において、劣化の程度が平均的な部分と特に劣化の激しい部分から、それぞれ試験に必要な面積の試料を採取する。測定結果のばらつきを考慮すると、それぞれから２箇所を選び、合計４箇所から採取することが望ましい。

⑵そのほか、特異な劣化原因が考えられる箇所などについては、監理者と協議のうえ、試料の切取りを行う。

⑶既存防水層に対する詳細調査の項目および方法について特記する場合の参考として解説表７を示す。

詳細調査は現場において既存防水層から試料を採取し、各種の物性試験を行う。

なお、既存防水層を切り取る際は、試料および防水下地などを破損しないように丁寧に行い、防水層

を切り取った部分には適切な雨養生を施す。

　また、既存ウレタン塗膜防水層を残置して、新規ウレタン塗膜防水層を塗り重ねて改修する工法を選択する場合に、既存防水層との接着性についても事前評価が必要である。

　既存防水層に対する物性試験の項目は、アスファルト系防水層、ウレタン塗膜防水層に対して、一般的に実施される試験項目等とし、解説表2.11にその項目例を、試験方法の詳細を以下に示す。

解説表 2.11　試験の項目および方法

対象防水層		試験項目
保護層付き アスファルト防水層	防水層	外観 単位質量及び厚さ（乾燥時） 引張強さ
	基材	構成・外観 単位質量及び厚さ（乾燥時） 引張強さ
	アスファルト	針入度（JIS K2207：2006による） 軟化度（同上）
ウレタン塗膜防水層	防水層と下地の接着強さ	垂直引張り強さ（JIS A6021：2022による）
	防水層の物性	引張強さ・伸び率（JIS A6021：2022による） 引裂き強さ（同上）

（ⅰ）詳細調査におけるアスファルト防水層のサンプリング試験

　防水層の単位質量と厚さ（乾燥時）および引張強さ、ならびに防水層を構成する基材の状態とアスファルトの物性（針入度、軟化点）を測定する。防水層の単位質量および厚さ（乾燥時）と引張強さは、防水層の構成により異なるため、直接的な比較は出来ないが、新設時と同様の構成の防水層と比較することにより、防水層の状態を把握するための指標となる。アスファルトの物性に関しては、現在、用いられているアスファルトの初期値と比較を行うことで、採取した防水層に用いられているアスファルトの状態を把握する指標となる。

　1）試料の採取方法

　　露出防水層および保護防水層ともに、水上と水下の劣化の激しい部分よりできる限り接合部を含まないように、それぞれ50cm角以上のものを1枚ずつ切り取る。

　2）試験体の作製

　①防水層試験用

　　・100mm×200mm、1個；単位質量、厚さ（乾燥時）測定用および保存試料

　　・解説図2.1に示すダンベル型、長手および幅方向、各3個；引張強さ測定用試料

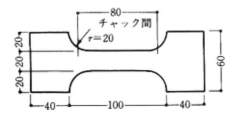

解説図 2.1　防水層引張試験片（単位：mm）

②基材試験用

・110mm×210mm、1個；引張強さ測定用試料

・100mm×200mm、1個；外観、単位質量、厚さ測定用および保存試料

3）防水層の試験

①単位質量と厚さ（乾燥時）

・試験体を50℃の乾燥器に168時間静置し、その後、20℃の室温で3時間養生する。

・各辺の中央部の厚さをノギス等で0.1mmまで4箇所測る。試料数は1個とする。

・次に、質量を計り乾燥時の質量とする。また1㎡あたりの質量に換算し、付記する。試料数は1個とする。

②引張強さ

・ダンベル型の試験体を50℃の乾燥器に168時間静置し、その後、20℃の室温で3時間養生する。

・荷重と伸びの関係を記録できる引張試験機を用いて引張強さを測定する。その際、試験片の中央部の厚さをノギス等で0.1mmまで測り、付記する。試料数は3個とする。

・試験条件：引張速度100mm/min、測定温度23℃、チャック間距離80mm

4）基材の試験

①構成・外観

・試験体を溶剤（トルエン等）で満たした容器中に48時間浸漬し、大部分のアスファルトを取り除く。

・さらにソックスレー抽出器にかけて、アスファルトの色が出なくなるまで抽出する。

・洗い出した基材を105℃の乾燥器で1時間静置した後、室温になるまで冷却し、基材の種類と防水層の構成を判定し、外観の劣化状況を観察する。

②単位質量と厚さ

・乾燥後、室温まで冷却した各基材の質量を0.01gまで測る。また、1㎡あたりの質量を算出し、付記する。試料数は2個とする。

・次に、各基材の各辺中央部の厚さ（4箇所）をダイヤルゲージ等で0.01mmまで測る。試料数は1個とする。

③引張強さ

・1個の試験体より抽出した各基材から長手および幅方向に20mm×100mmの大きさの試験片を切断する。

・試験片を20℃の室温に3時間静置し、記録式引張試験機を用いて引張強さを測定する。その際、試験片の中央部の厚さをダイヤルゲージ等で0.1mmまで測り、付記する。試料数は長手・幅方向とも各5個とする。

・試験条件：引張速度100mm/min、測定温度23℃、チャック間距離20mm

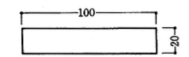

解説図2.2　基材引張試験片（単位：mm）

5）アスファルトの試験

採取した防水層を赤外線ランプで加熱しながら、皮すきを用いて、アスファルトを削りとり、

これをアスファルトの針入度・軟化点用の試料とする。この操作を各層のアスファルトについて行い、アスファルトを層ごとに別々の容器に入れ、できるだけ低温で加熱して水分を取り除き、上澄みだけを30メッシュの金網でろ過して試料とする。次に行う針入度および軟化点試験は、各層のアスファルトについて行う。

① 針入度

・「JIS K 2207：2006（石油アスファルト）」に準拠して行う。ただし、アスファルトを入れる容器は軟化点用リングを2個重ねて用いることにする。試料数は各層1個とし、3回測定を繰り返す。

② 軟化点

・「JIS K 2207：2006（石油アスファルト）」に準拠して行う。試料数は各層2個とする。

6）保存試料

①防水層

・100mm×200mm、1個

②基材

・100mm×200mm、各層1個

（ⅱ）詳細調査におけるウレタン塗膜防水層のサンプリング試験

1）試料の採取方法

①屋根全体として、平均的な劣化部分と劣化の激しい部分を選ぶ。

②防水層と下地の接着強さ試験については、現場で行う。

③引張強さ、伸び率、引裂強さならびに参考試験のために採取する試料の大きさは、500mm×500mm程度とする。

2）試験方法

①防水層と下地の接着強さ（現場試験）

・防水層表面の埃、汚れ等を清掃し、垂直引張試験用アタッチメント（40mm×40mm）を接着剤によって取り付ける。

・接着剤の硬化後、アタッチメントの周辺部に下地スラブに達するまでカッターナイフで切込みを入れる。

・建研式引張り試験機に準ずる接着力試験機により、最大荷重値を読み取る。

②引張強さ、伸び率および引裂強さ

・現場採取した防水層から、仕上塗料および裏面層（補強布または通気緩衝シート等）を除去し、ウレタンゴム系防水材のみを試験対象とする。

・試験片の作製・調整および試験方法は、JIS A6021：2022（建築用塗膜防水材）に準拠する。

③その他の参考試験

（イ）劣化度試験

・②と同様にウレタンゴム系防水材のみを試験対象とする。

・試験体を燃焼させ、残留無機物中の特定金属分の定量を行う。

・ウレタンゴム系高伸長形防水材（2成分形ならびに1成分形）は無機充填材（例：炭酸カルシウム）を含んでおり、硬化した防水層中の金属分の定量により、防水材の劣化（有機成分の劣化消失）の度合いを知る手掛かりとなる。

・２成分形では、硬化剤中に無機充填材を含んでいるが、製品によって、主剤と硬化剤の混合比率（１：１、１：２、１：３（質量比）など）が異なるため、あらかじめ製品タイプを把握しておく必要がある。

・ウレタンゴム系高強度形防水材は、一般に充填材を含まないため、この試験法は利用できない。

（ロ）硬さ試験

・②と同様にウレタンゴム系防水材のみを試験対象とする。

・試験片の作成・調整および試験方法は、JIS K6253-3：2012（加硫ゴムおよび熱可塑性ゴム－硬さの求め方－第３部：デュロメータ硬さ）のタイプＡに準拠する。

・劣化に伴う硬さ変化は、製品組成ならびに劣化機構により異なる（上昇する場合も下降する場合もある）ため、数値で判定基準を示すことはできないが、変化の方向を知ることによって、どのような劣化が起こっているのかを考える手掛かりとなる。

b．詳細調査結果の評価および判定

⑴防水層に対して行った試験結果より、下記のⅰ、ⅱおよびⅲを目安とし、調査項目ごとに基準を定めて個別劣化度を評価する。評価基準は特記による。

　　ⅰ：劣化は軽微で、防水機能を期待できる

　　ⅱ：劣化は進行しているが、直ちに漏水が生じるほどではない

　　ⅲ：劣化の進行が顕著で、漏水が生じる可能性が高い

⑵総合劣化度はⅠ、ⅡおよびⅢの３段階で評価する。総合劣化度は、個別劣化度の次数の最も高いものを代表させ、個別劣化度がⅰ、ⅱおよびⅲの場合の総合劣化度はそれぞれⅠ、ⅡおよびⅢとする。

⑴防水層の劣化度の評価基準について特記する場合の参考として、保護層付きアスファルト防水層の場合を解説表2.12に、ウレタン塗膜防水層の場合を解説表2.13に示した。各防水種別の劣化度の判定基準の初期値比は、初期値が不明の場合が多いため，防水層を現行の材料を用いた場合の値に対する比較値を用いている。

⑵目視での調査の場合と同様に、Ⅰ、ⅡおよびⅢを総合劣化度と位置づけ、各調査項目の個別劣化度をそれぞれ小文字のⅰ、ⅱおよびⅲとした。そして、各調査項目の個別劣化度の最も評価の悪いものを総合的な劣化度Ⅰ、ⅡおよびⅢとすることにした。

解説表 2.12　保護層付きアスファルト防水層の個別劣化度の評価基準

調査項目		個別劣化度		
		ⅰ	ⅱ	ⅲ
防水層の外観	外観の状態	表層アスファルトの変色、細かいひび割れ（1mm 未満）	表層アスファルトの大きなひび割れ（1mm 以上）	著しく変質（防水層の硬化、脆弱化、腐敗、ひび割れなど）
防水層の物性	防水層の引張強さ	初期値比 60%以上	初期値比 60%未満〜30%以上	初期値比 30%未満
	基材の引張強さ	全層測定が可能	うち1層が測定可能	測定不能
	針入度	1層以上≧10	10＞1層以上≧5	全層＜5

解説表 2.13　ウレタン塗膜防水層の個別劣化度の評価基準

防水種別	調査項目		個別劣化度		
			i	ii	iii
高伸長形	防水層と下地の接着強さ	垂直引張強さ (N/mm²)	0.1 以上	0.1 未満～0.03 以上	0.03 未満
	防水層の物性	引張強さ (N/mm²)	1.2 以上	1.2 未満～0.5 以上	0.5 未満
		伸び率(%)	180 以上	180 未満～100 以上	100 未満
		引裂強さ (N/mm)	7 以上	7 未満～3 以上	3 未満
高強度形	防水層と下地の接着強さ	垂直引張強さ (N/mm²)	0.1 以上	0.1 未満～0.03 以上	0.03 未満
	防水層の物性	引張強さ (N/mm²)	5 以上	5 未満～2 以上	2 未満
		伸び率(%)	80 以上	80 未満～40 以上	40 未満
		引裂強さ (N/mm)	15 以上	15 未満～6 以上	6 未満

　防水層と下地の接着強さについては、耐風圧性の観点から、既存ウレタン塗膜防水層を残置して新規ウレタン塗膜防水層をかぶせる改修工法の選択が可能かどうかの判断指標とする。

2.4　調査・診断結果の報告

> ａ．調査および診断の終了後、速やかに「調査および診断結果報告書」を作成し、依頼者へ報告する。
> ｂ．調査および診断の結果は、調査日、調査・診断の実施者、調査対象建築物の概要、調査項目および方法、調査範囲、劣化度の評価基準、調査・診断の結果、応急措置について報告する。
> ｃ．調査・診断の結果では、劣化および不具合の位置・範囲、劣化および不具合の有無、補修・改修の要否を報告する。

ａ．調査および診断の実施者は、基本調査の結果に基づき診断を行い、その結果を「調査および診断結果報告書」として速やかに取りまとめ、依頼者に報告しなければならない。そのため、調査の実施に先立ち、調査結果を的確に整理し、その後報告書が容易にかつ迅速に作成できるよう、結果の記録方法や取りまとめ方法などを事前に検討しておくことが望ましい。

ｂ．ｃ．調査および診断結果報告書には、以下の情報を含める必要がある。

(1)調査・診断の期間

(2)調査・診断の実施者

(3)調査建築物の概要

　名称、所在地、竣工年、構造種別、階数、用途の情報について記載する。

(4)事前把握情報

(5)調査・診断の目的

　基本調査・診断計画書あるいは事前調査結果を踏まえ、最終的な調査の目的を記載する。

(6)調査・診断の対象・範囲

　報告書には、結果としてどこを対象として調査が行われたかを明確にするため、より具体的な対象

を必要に応じて記載する。また、調査対象ごとに調査範囲が異なる場合、調査対象ごとの調査範囲がわかるよう記載する。

なお、調査で発見された変状や不具合、申し送り事項のあった個所や範囲だけではなく、実際に調査を行った範囲についても重要な情報となる。基本調査においては主として調査・診断者の肉眼による目視観察で調査が行われることから、実際にどの範囲を確認したか（確認できたか）について、必要に応じて図面を用いるなどして、調査項目ごとにその範囲を明記するように努める。

(7)調査項目

調査対象ごとに実施した調査項目、および調査方法を記載する。ここでいう実施したとは、調査対象となる劣化現象や不具合事象があったか無かったかではなく、実際に調査により確認した事項を記載する。なお、実際の調査結果は(9)において記載する。

(8)劣化度の評価基準および補修・改修あるいは詳細調査・診断の要否の判定基準

劣化度の評価は、後年の維持保全において重要な情報となることから、単に評価を報告するだけでなく、劣化度の評価に用いた評価基準について、例えば調査対象ごとの判断基準の詳細や、本指針に定めた内容を補足する事項について、出来る限り具体的に記録を残すと良い。

(9)調査・診断の結果

調査の結果については、調査対象ごとに調査で明らかとなった変状の位置および範囲等を当該建築物の立面図や平面図に記録する。代表的な調査結果は写真を撮影して記録する。

また、調査の結果から、診断によって評価された調査対象ごとの総合劣化度を記載する。ここでの調査・診断結果は、依頼者の直近の判断に用いられるだけでなく、さらには長期的な維持保全において参照されることから、点検・保守を継続するかの判断、あるいは詳細調査実施に至った経緯や・判断基準ついても記載することが望ましい。

(10)応急措置

調査等において応急措置をとった場合、箇所、事由、措置内容などについて記録する。また、詳細調査に際して、破壊した個所などがあれば、これについても報告する。

3．補修・改修設計

3.1　適用範囲

> 既存防水層が保護層付きアスファルト防水層またはウレタン塗膜防水層において、調査・診断の結果に基づき、補修または改修が必要であると判定された部位を対象に、防水性の回復等を目的としたウレタン塗膜防水工法による補修・改修設計に適用する。

本節は、鉄筋コンクリート造、鉄骨鉄筋コンクリート造および鉄骨造建築物の鉄筋コンクリート造屋根スラブおよびベランダやバルコニーの床に施工された保護層付きアスファルト防水層または露出ウレタン塗膜防水層を対象に、防水性の回復等を目的としたウレタン塗膜防水工法による補修・改修工事を実施する場合の設計に適用する。

3.2　補修・改修方針

> 既存防水層（保護層付きアスファルト防水層又はウレタン塗膜防水層）に生じる劣化の種類や程度に応じて、既存防水層を処理する方法を選定して、特記する。

既存防水層の劣化の種類や程度、施工性などを考慮して、補修・改修方針を検討する。

補修・改修設計にあたっては、解説図 3.1 に示す要因を十分に確認のうえ、調査・診断の結果に基づき、既存防水層を残置するか、撤去するかを総合的に検討して選定する。残置する場合の補修・改修に用いるウレタン塗膜防水工法の下地は、保護層付きアスファルト防水の場合は保護コンクリートおよび保護モルタルやアスファルト防水、ウレタン塗膜防水の場合は既存仕上塗料塗膜や既存ウレタン塗膜防水層が対象となる。新築工事とは異なり、既存防水層の脆弱な部分の除去や付着物、劣化部分などを適切に処理しないとウレタン塗膜防水工法の長期の防水性が確保されず、補修・改修後の不具合や早期劣化に至る可能性があるため、補修・改修に用いるウレタン塗膜防水工法に適した補修・改修方法を選定する。

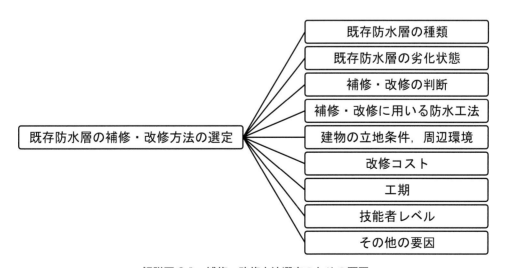

解説図 3.1　補修・改修方法選定のための要因

3.3 既存防水層の下地処理方法の選定

---

a．既存防水層の下地処理の目的

　既存防水層の下地処理は、補修・改修に用いるウレタン塗膜防水工法の性能を確保するために行う。

b．既存防水層の下地処理方法の選定

　既存の保護層付きアスファルト防水層、既存のウレタン塗膜防水層を処理する方法は、以下の中から選定する。

　⑴保護層付きアスファルト防水層の場合

　　①既存保護コンクリート・モルタルの処理

　　②既存目地の処理

　　③既存アスファルト防水層撤去後の処理

　⑵ウレタン塗膜防水層の場合

　　①既存仕上塗料塗膜表面の清掃・表面洗浄

　　②既存ウレタン塗膜防水層の処理

　　③既存ウレタン塗膜防水層撤去後の処理

---

a．既存防水層の下地処理の目的

　既存防水層の処理が不適切であると、新規に施工するウレタン塗膜防水工法の防水性、仕上がりの状態、耐久性などに悪影響を及ぼすので、適切に既存防水層の下地処理を行うことが肝要である。既存防水層の処理方法の選定に際し、既存防水層の種別、劣化現象や劣化の程度、改修する範囲などの条件を踏まえ、選定された工法の妥当性を検討する必要がある。

b．既存防水層の下地処理方法の選定

　調査・診断結果の既存防水層の種類、個別劣化度の報告を基に、補修・改修に用いるウレタン塗膜防水工法に適した下地処理方法を選定する。

⑴既存防水層が保護層付きアスファルト防水層の場合

　既存防水層が保護層付きアスファルト防水層の場合は、ウレタン塗膜防水工法の密着仕様または絶縁仕様による改修となる。改修の下地は、既存保護層、既存保護層と既存防水層を撤去した躯体コンクリートとなり、以下に下地処理方法の概要を示す。

①既存保護コンクリート・モルタルの処理

　既存防水層が保護層付きアスファルト防水層で既存保護コンクリートを残置する場合は、ウレタン塗膜防水工法の下地となるため、新規防水層に適した下地処理を行う必要がある。解説図3.2に保護層付きアスファルト防水の下地処理工法の例を示す。解説表3.1に既存保護コンクリートの劣化現象に対する下地処理工法の概要を示す。

　ウレタン塗膜防水工法の絶縁仕様で改修する場合は、通気緩衝シートを敷設するため、保護コンクリートのひび割れの処理を省くことができる。密着仕様で改修する場合は、新規防水層の下地となるため、ひび割れ幅0.2mm以上1mm未満はポリマーセメントペーストによるシール工法での処理、ひび割れ幅1mm以上は補強布張り工法で処理する。

　絶縁仕様と密着仕様のいずれも保護コンクリートに表面脆弱部がある場合は、脆弱部を除去した

後に表面の凹凸の状態に応じてポリマーセメントペーストまたはポリマーセメントモルタルを用いた下地調整工法で平坦にする。欠損部は欠損の大きさ等の程度に応じてエポキシ樹脂モルタルまたはポリマーセメントモルタルを用いた充填工法で処理する。

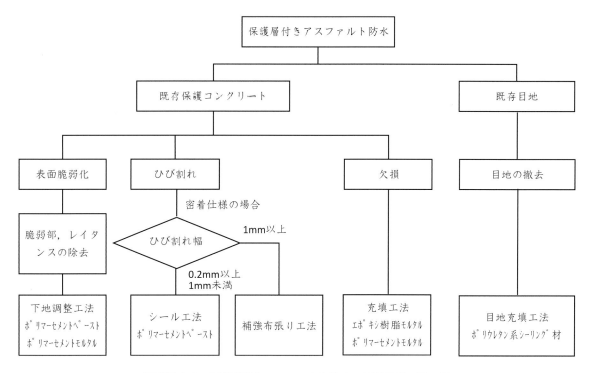

解説図 3.2　保護層付きアスファルト防水の下地処理工法の例

解説表 3.1　既存保護コンクリートの劣化現象に対する下地処理工法の概要

劣化現象	劣化の種類と程度	適用工法	材料
保護コンクリート表面の脆弱化	脆弱化，レイタンス	下地調整工法	ポリマーセメントペースト ポリマーセメントモルタル
保護コンクリートのひび割れ	ひび割れ幅 0.2mm 以上 1mm 未満	シール工法 （密着仕様の場合）	ポリマーセメントペースト
	ひび割れ幅 1mm 以上	補強布張り工法 （密着仕様の場合）	ウレタンゴム系防水材、補強布
保護コンクリートの欠損	欠損	充填工法	エポキシ樹脂モルタル ポリマーセメントモルタル

　立上り部モルタルおよびモルタル笠木は、ウレタン塗膜防水工法の密着仕様で改修することを基本とする。解説図3.3に立上り部モルタルの劣化現象に対する下地処理工法の例を示す。解説表3.2に立上り部モルタルの劣化現象に対する下地処理工法の概要を示す。

　モルタル表面に脆弱部がある場合は、脆弱部の除去後に表面の凹凸の状態に応じてポリマーセメントペーストまたはポリマーセメントモルタルを用いた下地調整工法により平坦にする。モルタル下地の浮きは、浮きの程度と面積・工期・コストを考慮して次の2工法から選択する。部分的または小面積の場合はアンカーピンニングエポキシ樹脂注入工法、モルタルが反って浮いている状態や広範囲に及ぶ場合はモルタルを撤去し、ポリマーセメントモルタルを用いたモルタル塗替え工法に

より処理する。欠損部は欠損の大きさ等の程度に応じてエポキシ樹脂モルタルまたはポリマーセメントモルタルを用いた充填工法で処理する。モルタルのひび割れ幅0.2mm以上1mm未満はポリマーセメントペーストによるシール工法での処理、ひび割れ幅1mm以上は補強布張り工法で処理する。

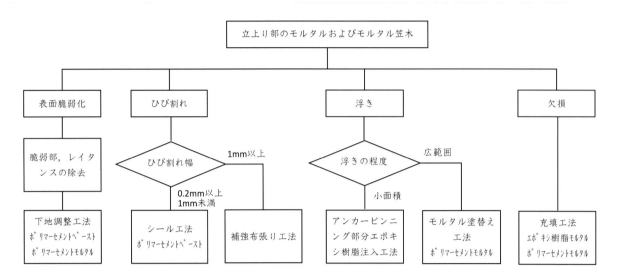

解説図 3.3　立上り部モルタルおよびモルタル笠木の下地処理工法の例

解説表 3.2　立上り部モルタルおよびモルタル笠木の劣化現象に対する下地処理工法の概要

劣化現象	劣化の種類と程度	適用工法	材料
モルタル表面の劣化	脆弱化	下地調整工法	ポリマーセメントペースト ポリマーセメントモルタル
モルタルのひび割れ	ひび割れ幅 0.2mm 以上 1mm 未満	シール工法（密着仕様の場合）	ポリマーセメントペースト
	ひび割れ幅 1mm 以上	補強布張り工法 （密着仕様の場合）	ウレタンゴム系防水材、補強布
モルタルの浮き	小面積	アンカーピンニングエポキシ樹脂注入工法	ステンレス鋼製アンカーピン エポキシ樹脂
	広範囲	モルタル塗替え工法	ポリマーセメントモルタル
モルタルの欠損	欠損	充填工法	エポキシ樹脂モルタル ポリマーセメントモルタル

②既存目地の処理

解説表3.3に目地充填工法の概要を示す。保護層の既存目地の処理は、既存の目地材を撤去し、バックアップ材を装填した後にポリウレタン系シーリング材を充填する目地充填工法を選択する。

解説表 3.3　既存目地の劣化現象に対する下地処理工法の概要

劣化現象	劣化の種類と程度	適用工法	材料
伸縮目地の異常	突出・圧密・脱落・折損	目地充填工法	バックアップ材 ポリウレタン系シーリング材

③既存アスファルト防水層撤去後の処理

　本指針では、保護コンクリートのみを撤去することは難しいため、既存アスファルト防水層まで撤去することを基本とする。保護コンクリートを撤去する場合は、騒音、振動などの制約条件を確認するとともに、昭和62年以前のアスファルトルーフィング類にはアスベストが含まれる可能性があるため、アスベスト含有の判定を行い、適正な方法で撤去、処分する。撤去後の下地面にはアスファルトプライマーや接着剤が残存している。アスファルトプライマーが残存している下地にウレタン塗膜防水材は接着しないので、セメント混和用ポリマーディスパージョンに水性エポキシ樹脂を用いたポリマーセメントペーストまたはポリマーセメントモルタルを用いた下地調整工法で下地処理を行う。既存アスファルト防水層撤去後は、降雨等による漏水の危険があるため、防水材製造所が指定する仮防水材の塗布などの対策を講じる。

(2)既存防水層がウレタン塗膜防水層の場合

　既存防水層が露出ウレタン塗膜防水層の場合は、仕上塗料塗りの補修またはウレタン塗膜防水工法による補修・改修となる。改修の下地は仕上塗料塗膜、ウレタンゴム系防水材または防水層を撤去した躯体コンクリートとなる。以下に下地処理方法の概要を示す。

①既存仕上塗料塗膜表面の処理

　既存防水層がウレタン塗膜防水層で仕上塗料塗膜表面の劣化が割れ・はがれや白亜化などの変状にとどまり、ウレタン塗膜防水層が健全な状態を確認できれば、塗膜表面処理を行った後、仕上塗料で塗り替える工法を選定することができる。解説図3.4に仕上塗料塗膜表面処理方法の例を示す。仕上塗料塗膜表面の脆弱な部分の除去や付着物の塗膜表面処理方法を、解説表3.4に示す。

　塗膜表面処理は、油脂類などの油状の付着物は中性洗剤で洗浄して水洗いを行うか、塗料シンナーなどで溶剤拭きを行い処理する。油脂類以外はデッキブラシ等での水洗いまたは高圧水洗で塗膜表面を清掃する。

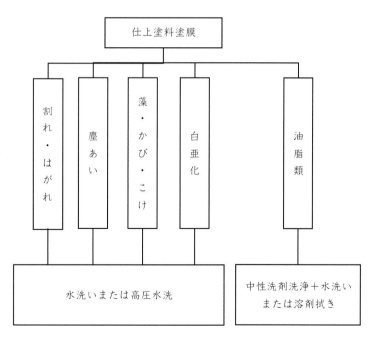

解説図 3.4　仕上塗料塗膜表面処理方法の例

解説表 3.4　仕上塗料塗膜表面処理方法

表面付着物	下地処理方法
仕上塗料塗膜の割れ・剥がれ	デッキブラシ等を用いた水洗いまたは高圧水洗
塵あい、藻・かび	デッキブラシ等を用いた水洗いまたは高圧水洗
白亜化	デッキブラシ等を用いた水洗いまたは高圧水洗
油脂類	中性洗剤洗いをした後に水洗いまたは溶剤拭き

②既存ウレタン塗膜防水層の処理

　　既存ウレタン塗膜防水層を残置する場合は、新規に施工するウレタン塗膜防水工法の下地となるため、変状・劣化の状況に応じて適切に下地処理する必要がある。既存ウレタン塗膜防水層の下地処理工法の例を解説図 3.5 に示す。既存ウレタン塗膜防水層の劣化現象に対する下地処理工法の概要を解説表 3.5 に示す。

　　密着仕様の既存防水層の浮き・ふくれには、新築時のコンクリートとウレタン塗膜防水層の界面の他に、新築時に下地調整に用いたモルタルとウレタン塗膜防水層の界面、改修時に用いた下地調整材とウレタン塗膜防水層の界面等がある。浮き・ふくれ部分をカッター等で撤去し、立上り用ウレタンゴム系防水材を用いて平坦にする浮き・ふくれ補修工法を選定する。防水層の端末はく離についても同様の処理を選定する。通気緩衝シートがコンクリートから剥がれている絶縁仕様の既存防水層の浮き・ふくれの場合は、浮き・ふくれ部分をカッター等で撤去する範囲が直径 1 m 未満の場合は立上り用ウレタンゴム系防水材を用いた浮き・ふくれ補修工法を選定する。直径が 1 m 以上の場合は、浮き・ふくれ部分を撤去した部分にウレタン塗膜防水工法・絶縁仕様を適用する。

　　既存防水層のひび割れは、本指針では既存防水層の 2 mm 未満のひび割れについては、新規に施工するウレタンゴム系防水材を擦り込むことで十分に追従性が確保できることから、ウレタン塗膜防水工法・密着仕様を適用する。2 mm 以上のひび割れがある場合は、ひび割れに対する追従性を確保するため、補強布張り工法を選定する。

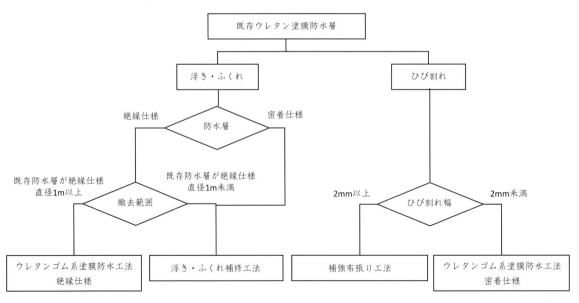

解説図 3.5　既存ウレタン塗膜防水層の下地処理工法の例

解説表 3.5　既存ウレタン塗膜防水層の劣化現象に対する下地処理工法の概要

劣化現象	劣化の種類と程度	適用工法	材料
防水層の浮き・ふくれ	浮き・ふくれ	浮き・ふくれ補修工法	立上り用ウレタンゴム系防水材
防水層のひび割れ	ひび割れ幅 2mm 以上	補強布張り工法	ウレタンゴム系防水材、補強布

③既存ウレタン塗膜防水層撤去後の処理

　　ウレタン塗膜防水層まで劣化が著しい場合は、既存のウレタン塗膜防水層を全面または部分的に撤去する。既存防水層を全面撤去後は、新築時と同様の下地となり、下地の状態によりコンクリート表面の凹凸を平坦にする下地調整工法で下地処理を行う。既存アスファルト防水層撤去後は、降雨等による漏水の危険があるため、防水材製造所が指定する仮防水材の塗布などの対策を講じる。既存防水層を部分的に撤去した場合は新旧防水層が重なる部分に層間プライマーを塗布して付着性を確保し、立上り用ウレタンゴム系防水材を施工する浮き・ふくれ補修工法で下地処理を行う。

3.4　ルーフドレン周りの処理

　　ルーフドレン周りの処理は、現場状況および既存ルーフドレンの状態に応じて以下の中から選定する。
　ａ．既存ルーフドレンの継続使用
　ｂ．改修用ドレンの使用

　ルーフドレン周りは、既存ルーフドレンの継続使用、ドレンの取り替え、改修用ドレンの使用の中からルーフドレンの処理方法を選定する。ルーフドレン周りの水はけが著しく悪い場合、漏水のおそれがある場合は納まりを修正・変更する。

ａ．既存ルーフドレンを継続して使用する場合は、既存ルーフドレンの腐食が少ない場合に選定し、表面を研磨した後にエポキシ樹脂系防食塗料等の防錆処理を施す処理方法を選定する。

ｂ．改修用ドレンのツバ部の材質による各防水工法との適合表を解説表 3.6 に示す。改修用ドレンを使用する場合は、排水管径が小さくなり排水条件が悪化することもあるので、排水能力が最大想定降水量を下回らないものを選定し、現場の状況などを考慮して改修用ストレーナ（目皿）も含めて選択する。最大想定降水量を上回る場合、ルーフドレン周りの水はけが著しく悪い場合や漏水のおそれがある場合は、納まりを修正または新たなドレン増設等も考慮する必要がある。水はけが悪い場合の勾配調整はモルタルなどで勾配を取り直すことになるので、重量増による構造への影響がないか、別途検討する。既存ウレタン塗膜防水層に改修用ドレンが設置されている場合は、改修用ドレンが劣化している可能性があるため、新しい改修用ドレンとの交換を検討する。

　　なお、改修用ドレンの排水能力の検証は、新設用として使用されるルーフドレンと同じく、「空気調和・衛生工学会規格　SHASE-S206 給排水設置規準 - 雨水排水管径の決定」を参考にする。

解説表 3.6　改修用ドレンの種類との適合表

改修用ドレン材質 防水層	銅	鉛	ウレタン樹脂	変性シリコン
アスファルト防水層	○	△	－	－
ウレタン塗膜防水層	○	○	○	○

○：適している　△：使用に際し注意が必要　－：不適

3.5 補修・改修工法の選定

　調査および診断結果報告書の既存防水層の種類や劣化の程度と施工場所の環境条件に応じて、施工性、経済性、耐久性などを考慮して、防水性能を満足するウレタン塗膜防水工法を以下の中から選定する。
a．既存防水層が保護層付きアスファルト防水層の場合
　・保護層処理ウレタン塗膜防水改修工法
　・防水層撤去ウレタン塗膜防水改修工法
b．既存防水層が露出ウレタン塗膜防水層の場合
　・仕上塗料部分塗り補修工法
　・仕上塗料全面塗り補修工法
　・防水材部分塗り重ね補修工法
　・防水材全面塗り重ね改修工法
　・防水材部分撤去再施工補修工法
　・防水材全面撤去改修工法

既存防水層の下地処理と補修・改修工法の関係を解説図 3.6 に示す。

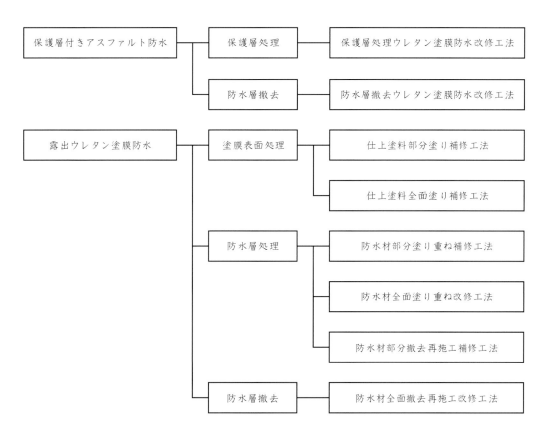

解説図 3.6　既存防水層の下地処理と補修・改修工法

a．既存防水層が保護層付きアスファルト防水層の場合は、保護層を残置するかまたは防水層まで撤去するかを選定する。保護層を残置する場合は、調査および診断結果報告書の保護コンクリートの劣化の

程度に対応した下地処理工法を含めた保護層処理ウレタン塗膜防水改修工法となる。防水層まで撤去する場合は、下地となる躯体コンクリートの劣化状態は既存アスファルト防水層を撤去しないと判断できないため、防水層を撤去後に劣化度の調査を行い、劣化の状況に応じた下地処理工法を選定する。

解説表 3.7 に保護層付きアスファルト防水層の補修・改修工法の概要を示す。

既存防水層が保護層付きアスファルト防水の改修（ウレタン塗膜防水材による新規の防水層を形成）に使用するウレタン塗膜防水工法は、日本建築学会建築工事標準仕様書・同解説 JASS 8 防水工事の不定形材塗布・吹付け防水工事に規定するウレタンゴム系高伸長形塗膜防水工法とウレタンゴム系高強度形塗膜防水工法の絶縁仕様（L-USS、L-USH）と密着仕様（L-UFS、L-UFH）に準じる。

解説表 3.8 に既存保護層付きアスファルト防水層の補修・改修工法に用いるウレタン塗膜防水工法を示す。

解説表 3.7　保護層付きアスファルト防水層の補修・改修工法の概要

工法	内容
保護層処理ウレタン塗膜防水改修工法	既存防水層が保護層付きアスファルト防水材で保護コンクリートの劣化に対して解説表 3.1 の下地調整工法、シール工法、補強布張り工法、充填工法、モルタルの劣化に対して解説表 3.2 のアンカーピンニングエポキシ樹脂注入工法、モルタル塗替え工法、目地充填工法で下地処理を行った後にウレタンゴム系塗膜防水工法（密着仕様、絶縁仕様）で改修する工法。
防水層撤去ウレタン塗膜防水改修工法	既存防水層が保護層付きアスファルト防水材で既存防水層を撤去する場合は、平場と立上り部ともに保護層とアスファルト防水層の両方を撤去する。撤去後の下地は解説表 3.1 の下地調整工法、シール工法、補強布張り工法、充填工法で下地処理を行った後、ウレタンゴム系塗膜防水工法（密着仕様、絶縁仕様）で改修する工法。

解説表 3.8　既存保護層付きアスファルト防水層の補修・改修工法に用いるウレタン塗膜防水工法

補修・改修に使用する材料・工法 / 補修・改修工法	ウレタンゴム系塗膜防水工法				仕上塗料塗り
	ウレタンゴム系高伸長形		ウレタンゴム系高強度形		
	絶縁仕様	密着仕様	絶縁仕様	密着仕様	
保護層処理ウレタン塗膜防水改修工法	L-USS	L-UFS	L-USH	L-UFH	－
防水層撤去ウレタン塗膜防水改修工法					

［注］　L-USS、L-UFS、L-USH、L-UFH：日本建築学会建築工事標準仕様書・同解説 JASS 8 防水工事の仕様

b．露出ウレタン塗膜防水層の場合は、仕上塗料のみの劣化の場合、防水層まで劣化している場合に応じて、塗膜表面処理、防水層処理、防水層撤去の下地処理方法と劣化の程度や面積により補修・改修工法を選定する。防水層を撤去する場合は、下地となる躯体コンクリートの劣化状態は、既存ウレタン塗膜防水層を撤去しないと判断できないため、防水層を撤去後に劣化度の調査を行い、劣化の状況に応じた下地処理工法を選定する。

解説表 3.9 に露出ウレタン塗膜防水層の補修・改修工法の内容を示す。

解説表 3.9　露出ウレタン塗膜防水層の補修・改修工法の概要

工法	内容
仕上塗料部分塗り補修工法	既存防水層がウレタンゴム系防水材で仕上塗料塗膜の部分的な劣化に対して解説表 3.3 の仕上塗料塗膜表面処理を行った後に仕上塗料を塗布し補修する工法。
仕上塗料全面塗り補修工法	既存防水層がウレタンゴム系防水材で仕上塗料塗膜が全面的に劣化し防水層の劣化が軽微であるものに対し解説表 3.3 の仕上塗料塗膜表面の処理を行った後に仕上塗料を塗布し補修する工法。
防水材部分塗り重ね補修工法	既存防水層がウレタンゴム系防水材で仕上塗膜と既存ウレタン塗膜防水層の部分的な表層のひび割れなどの変状に対して解説表 3.4 の補強布張り工法による下地処理を行い、ウレタン塗膜防水工法の密着仕様で部分的に塗り重ねて補修する工法。
防水材全面塗り重ね改修工法	既存防水層がウレタンゴム系防水材で既存ウレタン塗膜防水層の表層のひび割れなどが全体的に及んでいる劣化に対し，解説表 3.4 の補強布張り工法による下地処理を行い、ウレタン塗膜防水工法の密着仕様で全面を塗り重ねて改修する工法。
防水材部分撤去再施工補修工法	既存防水層がウレタンゴム系防水材で既存ウレタン塗膜防水層のふくれなどの変状部分を部分的に撤去して解説表 3.4 の浮き・ふくれ補修工法によるウレタン塗膜防水工法の密着仕様を再施工して補修する工法。
防水材全面撤去再施工改修工法	平場のみに適用する工法。既存防水層がウレタンゴム系防水材で既存ウレタン塗膜防水層を全面撤去し、防水材撤去後のコンクリートの下地処理を行った後，ウレタン塗膜防水工法（密着仕様，絶縁仕様）で施工する工法。

　調査・診断でウレタン塗膜防水層の仕上塗料のみの劣化の場合は、位置や面積などを総合的に判断して部分塗りか全面塗りによる仕上塗料塗り工法を選択する。仕上塗料塗り補修工法を解説表 3.10 に示す。工程 1 には層間プライマー［0.1 ～ 0.2kg/㎡］を用いる。

　既存のウレタン塗膜防水層を残置して新しいウレタンゴム系防水材を塗り重ねる場合の防水材部分塗り重ね補修工法、防水材全面塗り重ね改修工法、防水材部分撤去再施工補修工法は、プライマー塗り［0.2kg/㎡］に替えて既存防水層と密着性が良い層間プライマー［0.1 ～ 0.2kg/㎡］を用いる。解説表 3.11 と解説表 3.12 に層間プライマーを用いたウレタンゴム系高伸長形塗膜防水工法・密着仕様とウレタンゴム系高強度形塗膜防水工法・密着仕様を示す。

　防水材全面撤去再施工改修工法は、立上り部の既存ウレタン塗膜防水層の撤去が困難なため平場のウレタン塗膜防水層に適用する。立上り部の補修・改修工法は、立上り部の変状・劣化の程度、面積などを総合的に判断して、仕上塗料全面塗り補修工法または防水材全面塗り重ね改修工法、防水材部分撤去再施工補修工法を選定する。

解説表 3.10　仕上塗料塗り補修工法

工程＼部位	平場　　（勾配 1/50～1/20） 立上り
工程-1	層間プライマー塗り ［0.1~0.2kg/m²］
工程-2	仕上塗料塗り ［0.2kg/m²］

解説表 3.11　ウレタンゴム系高伸長形塗膜防水工法・密着仕様

工程＼部位	平場 （勾配 1/50～1/20）		立上り	
工程-1	層間プライマー塗り ［0.1~0.2kg/m²］		層間プライマー塗り ［0.1~0.2kg/m²］	
工程-2	補強布張付け （ウレタンゴム系 高伸長形防水材）	［3.9kg/m²］	補強布張付け （ウレタンゴム系 高伸長形防水材）	［2.6kg/m²］
工程-3	ウレタンゴム系 高伸長形防水材塗り		ウレタンゴム系 高伸長形防水材塗り	
工程-4	ウレタンゴム系 高伸長形防水材塗り		ウレタンゴム系 高伸長形防水材塗り	

工程＼保護層・仕上げ層	仕上塗料	仕上塗料
工程-1	仕上塗料塗り ［0.2kg/m²］	仕上塗料塗り ［0.2kg/m²］

［注］（1）ウレタンゴム系防水材の使用量は、硬化物比重が 1.3 である材料の場合を示す。
　　　　　防水層の換算膜厚は、平場 3mm、立上り 2mm

解説表 3.12　ウレタンゴム系高強度形塗膜防水工法・密着仕様

工程＼部位	平場 （勾配 1/50～1/20）	立上り
工程-1	層間プライマー塗り ［0.1~0.2kg/m²］	層間プライマー塗り ［0.1~0.2kg/m²］
工程-2	ウレタンゴム系 高強度形防水材吹付け ［3.0kg/m²］	ウレタンゴム系 高強度形防水材吹付け ［2.0kg/m²］

工程＼保護層・仕上げ層	仕上塗料	仕上塗料
工程-1	仕上塗料塗り ［0.2kg/m²］	仕上塗料塗り ［0.2kg/m²］

［注］（1）ウレタンゴム系防水材の使用量は、硬化物比重が 1.0 である材料の場合を示す。
　　　　　防水層の換算膜厚は、平場 3mm、立上り 2mm

　解説表 3.13 に既存ウレタン塗膜防水層の補修・改修工法に用いるウレタン塗膜防水工法を示す。平場のみを対象とする防水材全面撤去再施工改修工法は、躯体コンクリートの下地処理を行えば、新築時の JASS 8 の仕様を適用することができる。

解説表 3.13　既存ウレタン塗膜防水層の補修・改修工法に用いるウレタン塗膜防水工法

既存ウレタン塗膜防水	補修・改修に使用する材料・工法／補修・改修工法	ウレタンゴム系塗膜防水工法				仕上塗料塗り
		ウレタンゴム系高伸長形		ウレタンゴム系高強度形		
絶縁仕様 密着仕様	仕上塗料部分塗り補修工法	－		－		●
	仕上塗料全面塗り補修工法					
絶縁仕様	防水材部分塗り重ね補修工法	▲		■		－
	防水材全面塗り重ね改修工法	▲		■		
	防水材部分撤去再施工補修工法	△		□		
密着仕様	防水材部分塗り重ね補修工法	▲		■		－
	防水材全面塗り重ね改修工法					
	防水材部分撤去再施工補修工法					
絶縁仕様 密着仕様	防水材全面撤去再施工改修工法	L-USS	L-UFS	L-USH	L-UFH	－

[注] L-USS、L-UFS、L-USH、L-UFH：日本建築学会建築工事標準仕様書・同解説 JASS 8 防水工事の仕様

● ：仕上塗料を上塗りする場合に適用

▲ ：JASS 8 防水工事の塗膜防水層の種別 L-UFS のプライマーを層間プライマーに変更した仕様

△ ：浮き・ふくれ部が直径 1m 以上の場合、JASS 8 防水工事の塗膜防水層の種別 L-USS の仕様

　　浮き・ふくれ部が直径 1m 未満の場合、▲の仕様

■ ：JASS 8 防水工事の塗膜防水層の種別 L-UFH のプライマーを層間プライマーに変更した仕様

□ ：浮き・ふくれ部が直径 1m 以上の場合、JASS 8 防水工事の塗膜防水層の種別 L-USH の仕様

　　浮き・ふくれ部が直径 1m 未満の場合、■の仕様

－ ：適用しない

　ウレタンゴム系高伸長形塗膜防水工法とウレタンゴム系高強度形塗膜防水工法の比較を解説表3.14 に示す。ウレタンゴム系高伸長形は、手塗りとなるため狭隘地、複雑な部位への施工に適している。ウレタンゴム系高強度形は大面積を施工する場合に、省力化・省人化・工期短縮が図れる特長があるので、対象とする陸屋根の面積や役物の状況、周辺環境等を考慮して、ウレタン塗膜防水工法を選定する。

解説表 3.14　ウレタン塗膜防水工法の比較

防水工法 / 項目	ウレタンゴム系高伸長形		ウレタンゴム系高強度形	
	密着仕様	絶縁仕様	密着仕様	絶縁仕様
施工方法	手塗り		スプレー	
施工道具・機具	ローラ、レーキ		吹付圧送機	
施工性	狭隘地、複雑な部位への施工に適している		大面積での省力化・省人化・工期短縮が図れる、小面積には不向き	
	工程間の乾燥時間が必要		飛散防止の養生が必要	
工期短縮	○	△	◎	○
下地水分の影響	△	○	△	○
		通気緩衝シートでふくれを防止		通気緩衝シートでふくれを防止
歩行性	○	△	◎	△

［注］　◎：優れている　○：期待できる　△：注意が必要

3.6　補修・改修に用いる材料の選定

> 改修に用いる材料は、JIS A 6021（建築用塗膜防水材）のウレタンゴム系に適合するものとし、既存防水層の処理に用いる材料は、改修するウレタンゴム系防水材の製造所の指定するものとする。

　既存防水層の種類、劣化の現象や程度、当該建築物の立地条件や使用上の制約条件、要求される性能、施工性、意匠性、期待される耐用年数、経済性、関係法令への適合性などを総合的に検討して、補修・改修材料を選定する。

　下地処理に用いる材料、ウレタン塗膜防水工法で用いる材料を以下に示す。

(1)ポリウレタン系シーリング材

　ポリウレタン系シーリング材には、大気中の湿気と反応して硬化する 1 成分形のものと基材と硬化剤を混合して硬化する 2 成分形のものがある。2 成分形は硬化収縮も小さく、硬化体は弾力性もある。ポリウレタン系シーリング材は、JIS A 5758（建築用シーリング材）に規定する耐久性による区分 8020 と同等以上の品質を有するものを選定する。

(2)ポリマーセメントペースト

　セメントペーストにセメント混和用ポリマーディスパージョンを混和したもので、微細なひび割れ、欠損の補修に薄塗りで使用するものである。JIS A 6916 建築用下地調整塗材の下地調整塗材 C-1 が該当する。また、セメント混和用ポリマーディスパージョンに水性エポキシ樹脂を用いた材料は、耐溶剤性や下地との接着性に優れる。

(3)エポキシ樹脂

　ひび割れ部の樹脂注入工法に使用するエポキシ樹脂は、JIS A 6024（建築補修用及び建築用補強用エポキシ樹脂）による低粘度形または中粘度形を使用する。

(4)エポキシ樹脂モルタル

　エポキシ樹脂モルタルはコンクリート・モルタルの欠損部の処理に用いる。建築学会編「鉄筋コンクリート造建築物の耐久性調査・診断および補修指針（案）・同解説」および「建築改修工事監理指針」で断面修復用軽量エポキシ樹脂モルタルの品質が定められている。エポキシ樹脂モルタルは垂れにくく、

一度に200mm程度まで厚塗りできるものもある。

(5)ポリマーセメントモルタル

ポリマーセメントモルタルはセメントモルタルにセメント混和用ポリマーディスパージョンまたは再乳化形粉末樹脂を混和したもので、コンクリート・モルタルの欠損部の処埋に用いる。断面修復用ポリマーセメントモルタルの品質基準（案）に品質が定められている。

(6)補強布

補強布は、繊維の材質から合成繊維製品とガラス繊維製品があり、寸法安定性に優れたものを用いる。織布が一般的に用いられ、補修・改修では幅100mm程度の粘着剤付きのテープ状の補強テープも用いられている。

(7)ウレタンゴム系防水材

ウレタンゴム系防水材の品質はJIS A 6021（建築用塗膜防水材）の屋根用に規定するウレタンゴム系高伸長形またはウレタンゴム系高強度形に適合するものを用いる。使用部位別に平場用、立上り用と平場と立上りの両方に用いることができる共用があり、材料の粘度・粘性が異なるので使用部位に適した材料を選定する。

ウレタンゴム系防水材には1成分形と2成分形がある。1成分形は空気中の湿気・水分により常温下で反応硬化して、数時間でゴム弾性のある塗膜を形成する。2成分形は手塗りタイプと超速硬化吹付けタイプがあり、2成分形の手塗りタイプは主剤と硬化剤を混合することで反応硬化し数時間でゴム弾性のある塗膜を形成する。

ウレタンゴム系高強度形には超速硬化吹付けタイプが用いられ、専用の吹付け機器を使用して加温した主剤と硬化剤を吐出させて衝突混合することで反応硬化し数分でゴム弾性のある塗膜を形成する。吹付けで作業を行うため、ミストが周囲に飛散しないように養生を施すなど施工上の対策を講じる必要がある。

(8)プライマー

プライマーはウレタン樹脂またはエポキシ樹脂を主成分とした低粘度の液体で、溶剤形とエマルション形のものがある。エマルション形はキシレン、トルエンなどの溶剤を使用していない環境に配慮した材料である。コンクリート表層に浸透固化してコンクリート下地と次工程のウレタンゴム系防水材との接着性を向上させる。

(9)層間プライマー

層間プライマーはウレタン樹脂を主成分とした低粘度の液体で、溶剤形とエマルション形のものがある。エマルション形はキシレン、トルエンなどの溶剤を使用していない環境に配慮した材料である。ウレタン塗膜防水層との接着性に優れ、ウレタンゴム系防水材や仕上塗料との接着性を向上させる。固形分が低いため、コンクリートやモルタル下地には適さない。

(10)通気緩衝シート

通気緩衝シートは下地とウレタンゴム系防水材の間にシート状材料を挿入する絶縁仕様で用いる。通気緩衝シートは不織布、プラスチック発泡体、ポリマー改質アスファルト、ゴムシートなどの素材を複合したもので、下地ムーブメントに対する緩衝効果や通気効果を有する。寸法安定性の優れたものを選定する。

(11)脱気装置

脱気装置は通気緩衝シートによる下地からの水蒸気の通気を効果的に行うために用いる。一般的に、脱気装置は25〜100㎡ごとに設置するが、屋上の構造、用途、下地の乾燥状態などにより増設する。

既存防水層の脱気筒が損傷している場合は脱気筒を取換える。

⑿仕上塗料

　仕上塗料は、ウレタン塗膜防水層の保護と美観保持を目的として使用するものであり、耐候性に優れていること、軽歩行に耐える耐摩耗性を有する性能が必要である。仕上塗料にはアクリルウレタン樹脂系、アクリルシリコン樹脂系、ふっ素樹脂系などを結合材としたものやキシレン、トルエンなどの溶剤を使用していない環境に配慮した材料も用意されている。使用環境や塗替え年数を考慮して選定する。

　⑴～⑿は、ウレタンゴム系防水材の製造所の指定する製品を使用する。なお、近年においては、周辺環境への影響および作業者や居住者に対する健康面への影響も重視されるので、補修・改修材料・工法の選定にあたっては留意することが肝要である。材料の安全性に関する情報として材料製造所からは、「安全データーシート」（SDS：Safety Data Sheet）が提供されており、包装・容器等には「化学品の分類および表示に関する世界調和システム」（GHS：Globally Harmonized System of Classification and Labelling of Chemicals）に対応して有害性に関する情報の表示が行われているので参考にすると良い。

⒀改修用ドレン

　改修用ドレンは、既存ルーフドレンを撤去せずに、その上に新たなルーフドレンを被せて防水層を施工するもので、各種の改修用ドレンが上市されている。改修用ドレンは縦引き用と横引き用の2種類あり、どちらも柔軟な材質で下地の形状に追従出来るようになっている。ツバ部と既存排水管に挿入するための筒部とで構成される。ツバ部は縦引き用と横引き用が同じ材質のものが多く、市販されている改修用ドレンで一番使用されているものは鉛製であるが、近年の環境問題の観点から鉛製ではない改修用ドレンが徐々に増えてきている。改修用ドレンの一例を写真3.1に示す。

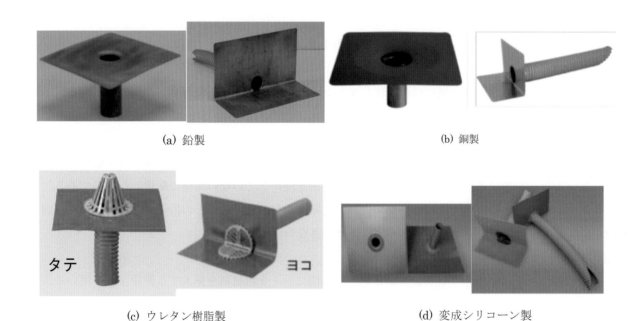

(a) 鉛製　　　　　　　　　　　　　　　　　　(b) 銅製

タテ　　　　　ヨコ

(c) ウレタン樹脂製　　　　　　　　　　(d) 変成シリコーン製

解説写真 3.1　改修用ドレンの一例

（日本建築学会「豪雨多発時代の屋上排水 WG 報告書」より抜粋）

3.7　補修・改修工事仕様書の作成

> 補修・改修設計図書は、次の各項を作成する。
> ａ．補修・改修工事仕様書
> ｂ．補修・改修工事図面

ａ．補修・改修工事仕様書は、特に以下のような点を考慮して作成する。

(1)設計に必要な調査は設計段階になされるべきものであるが、仮設備や一定の工事が必要な調査など、施工者が行う調査・診断がある場合は、その項目・範囲・方法、報告の方法等を具体的に記載する。

(2)工事段階で、既存部の状況が設計図書と異なることが判明した場合など、さらに詳細な調査・診断が必要となることがある。この場合の対応内容は依頼者・設計者・調査者・施工者などで協議することが必要であるが、合意形成や設計変更の具体的な措置について、あらかじめ記載しておく。

(3)施工に使用できる場所(駐車場、資材・廃材置き場、工事事務所、トイレの設置位置等)、施工可能な時期、工事用水や工事電力等の供給等の施工条件を明記する必要がある。

(4)建築物の利用状況を踏まえ、必要な仮設の条件を記載する。

(5)補修・改修工事に伴い発生する廃棄物の分別、再利用、廃棄方法については、廃棄物の処理および清掃に関する法律、および関係法令や条例に照らして適切な方法を講じる必要がある。

(6)補修・改修工事の完成検査のうち目視では、既存部分との取合いが重要となる。そのためには、仕様として既存部と改修部の整合の程度について判断基準を示しておく。

(7)引渡しを行う項目（工事目的物のほか、必要に応じ、品質管理記録・竣工図・保証書などの書類を含む）について記載する。なお、竣工図（完成図とも呼ばれる）とは、工事目的物の完成時の状態を表現した図面であり、その作成は、設計業務委託契約書または工事請負契約書に則り行う。

ｂ．補修・改修工事の設計では、軽微な工事であっても図面を作成することを原則とする。なお，作成に際しては、既存部の状況、補修・改修工事の範囲・工法・数量等が明確に読み取れるよう配慮する。

(1)補修・改修工事の図面の作成には、当該範囲の既存部分の図面が必要となる。また、工事を機会に、補修・改修対象となる部分に加えて、既存部の全体図面を整理しておくことが望ましい。

(2)補修・改修工事の図面は、工事の段階より、既存図、補修・改修図面を作成することが一般的である。既存図は、当初建設時の設計図書および事前に実施する調査・診断時の情報に基づき作成する。補修・改修図面は、既存部の状況、補修・改修工事の範囲・工法・数量等が明確に読み取れるよう配慮する。情報量が多くなりがちであるため、工事内容ごとに整理して、施工時に理解しやすい構成とすることが重要である。また、既存図の記載事項と今回工事の記載事項が混同されないよう、図面表現に配慮する。既存部分の撤去が必要な場合は、必要に応じて、撤去範囲や数量、撤去対象の構造や仕上げが判るように既存図または補修・改修図面に明示する。

4．補修・改修工事

4.1　施工計画

4.1.1　施工計画書・施工要領書の作成

施工に先立ち、工事の請負者は設計図書に準じて、工程表、施工計画書、施工図などの工事関係図書を作成し、工事監理者の承認を受ける。

施工計画書の内容は、以下に示す項目を含むものとする。

(1)工事の概要

(2)施工管理体制

(3)安全衛生管理

(4)材料、用具および取扱い

(5)工事の流れ

(6)工程表

(7)墜落・転落および飛散防止計画

(8)施工要領書

(9)確認および検査方法

(10)産業廃棄物処理計画

(11)添付書類

(12)その他必要事項

施工計画書は、建築物の現状、使用状況等を十分に考慮し、危険物の取扱いと保管、墜落・転落防止および下地処理・下地調整等に関する内容を盛り込んだものとする。

計画する内容を以下に示す。

(1)工事の概要

工事名称、工事場所、工事期間、発注者、請負者および工事内容（部位別の状況、工法）等を記載する。

(2)施工管理体制

現場における施工管理に必要な組織を記載する。工事管理者、作業管理者、危険物取扱者等の必要な資格者を明記した組織図を作成する。

施工管理体制は、工事で求められている品質を確保すると共に効率よく安全に施工するためのシステムであり、工事の内容を末端まで周知させると共に、施工の過程で変更が生じた場合でも、その変更内容を関係者全員で速やかに共有して対応出来る体制とする。

施工管理体制には、工事の元請けがゼネコンの場合と防水工事業者の場合で異なる。各々の場合の施工管理体制を解説図 4.1 および解説図 4.2 に例示する。

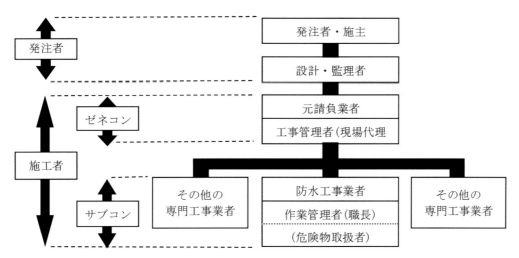

※防水工事業者は必要に応じて危険物取扱者を選任して、現場に常駐させなければならない。
但し、作業管理者と兼任することができる。

解説図 4.1　元請負業者がゼネコンの場合の施工管理体制

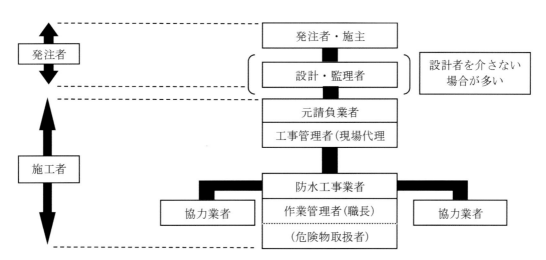

※防水工事業者は必要に応じて危険物取扱者を選任して、現場に常駐させなければならない。
但し、作業管理者と兼任することができる。

解説図 4.2　元請負業者が防水工事業者の場合の施工管理体制

(3)安全衛生管理

健康障害および火災等を防止するための適切な内容を記載する。

使用材料の危険物分類および特定化学物質の含有については、防水材製造所が発行する安全データシート（SDS）の組成、成分情報および関係法令の項を確認する。

①危険物取扱者に関する事項

ウレタン塗膜防水工事は危険物を取り扱うため、甲種または乙種４類の危険物取扱者を選任し、保安の監督をさせる。

②使用材料の保管および取扱い

ウレタン塗膜防水工事に使用する材料は、解説表 4.1 に示すように消防法の危険物「第４類　引火性液体」に該当する。法に定める指定数量以上となる場合は消防法、指定数量未満で指定数量の

1/5 以上の数量で保管する「少量危険物」は、火災予防条例に基づき、貯蔵予定場所等について所轄消防署に届け出ることが義務付けられている。

　危険物は、直射日光を避け、通気・換気の良いところに危険物貯蔵所を設置して保管するとともに、「危険物」、「火気厳禁」等の表示を行う。危険物と水性材料等の非危険物とは別に保管し、水性材料は凍結しないように低温時は保温可能な倉庫に保管する.

　ウレタンゴム系防水材が特定化学物質に該当する場合は、（一社）建築防水安全品質協議会が刊行した「特定化学物質障害予防規則に対応したウレタン塗膜防水工事指針」に準じた保管および取扱いを行う。

解説表 4.1　使用材料の危険物分類の例

使用材料	危険物分類	指定数量	危険等級
接着剤	第 4 類第 1 石油類(非水溶性液体) 第 4 類第 2 石油類(非水溶性液体)	200L 1000L	Ⅱ Ⅲ
プライマー	第 4 類第 1 石油類(非水溶性液体) 第 4 類第 2 石油類(非水溶性液体)	200L 1000L	Ⅱ Ⅲ
ウレタンゴム系 防水材平場用	第 4 類第 1 石油類(非水溶性液体) 第 4 類第 2 石油類(非水溶性液体) 第 4 類第 3 石油類(非水溶性液体) 第 4 類第 4 石油類 指定可燃物	200L 1000L 2000L 4000L —	Ⅱ Ⅲ Ⅲ Ⅲ —
ウレタンゴム系 防水材立上り用	第 4 類第 1 石油類(非水溶性液体) 第 4 類第 2 石油類(非水溶性液体) 第 4 類第 3 石油類(非水溶性液体) 第 4 類第 4 石油類 指定可燃物	200L 1000L 2000L 4000L —	Ⅱ Ⅲ Ⅲ Ⅲ —
仕上塗料	第 4 類第 1 石油類(非水溶性液体) 第 4 類第 2 石油類(非水溶性液体)	200L 1000L	Ⅱ Ⅲ
希釈剤、洗浄剤	第 4 類第 1 石油類(非水溶性液体) 第 4 類第 2 石油類(非水溶性液体)	200L 1000L	Ⅱ Ⅲ

③有機溶剤の取扱い

　屋外作業に有機溶剤中毒予防規則は適用されないが、作業者の中毒防止に留意し、必要に応じて作業主任者を選任し、保護具の着用および換気を行う。

(4)材料、用具および機器類等

　使用材料、用具および機器類等を記載する。

　工事に使用する主要資材および指定材料について、資材の名称、規格、数量、製造会社名、納入会社名等を記載する。

(5)工事の流れ

　作業工程表に記載する工事の流れを記載する。

(6)工程表

　施工条件等を考慮して各々の作業における所要日数を記載する。

(7)墜落・転落および飛散防止計画

　仮設備の構造、配置計画等を記載する。

　特に墜落・転落および飛散防止に関する内容については現場を調査の上、内容を決定する。

(8)施工要領書

　防水材製造所の資料を参照して、適用する仕様に準じた内容を記載する。

　特に既存防水層の処理については現場を調査の上、「3.4　既存防水層の処理方法の選定」に従って決定する。

(9)確認および検査方法

　設計図書で定められた内容について記載する。

(10)産業廃棄物処理計画

　現場で発生した産業廃棄物の処理計画について記載する。

(11)添付書類

　作業員名簿、健康診断書、産業廃棄物処理業者および最終処分場に関する許可書等を添付する。

(12)その他必要事項

　近隣などへの臭気発生対策を行う（チラシ、掲示板など）。

4.1.2　安全対策・作業環境・施工条件

施工に先立ち、工事の請負者は以下に示す内容を準備し、工事監理者の承認を受ける。

ａ．施工区画の安全衛生

　高所で作業する場合は作業者の墜落・転落防止のために以下の措置を講じる。

　　ⅰ）足場、囲い、手すり、覆いなどを設置する。

　　ⅱ）作業者は、墜落制止用器具を装着する。

ｂ．飛散防止対策

　ウレタンゴム系高強度形防水材を使用する場合は、近隣への材料の飛散防止などの対策を講じる。

ｃ．表示板の掲示

　施工区画の出入口付近に「関係者以外立入禁止」、「喫煙・飲食禁止」、「火気厳禁」、「危険物取扱責任者の氏名」および「危険物の内容」等の表示板を掲示する。

ｄ．材料の保管場所

　安全データシート（SDS）に記載された注意事項を確認し、適切に保管ができる材料保管場所を選定する。

ｅ．必要な仮設・機器、資材の準備・調達

　上記対策に際して必要な仮設、機器、資材を準備および調達する。

ｆ．施工条件

　防水材製造所が定める施工条件を確認する。

ａ．施工区画の安全衛生

　高所で作業する場合は作業者の墜落・転落防止のために以下の措置を講じる。

ⅰ）足場、囲い、手すり、覆いなどを設置する。

　　厚生労働省では、2018 年度に専門家や建設現場に精通した者からなる「建設業における墜落・転落防止対策の充実強化に関する実務者会合」を開催し、近年における墜落・転落災害の発生状況や足場に係る墜落防止に関する実施状況等を分析・評価した上で、墜落・転落災害の防止対策を一層充実強化していくために、労働安全衛生法令の改正も視野に入れて必要な方策について検討した。

　屋上防水改修工事においては新築工事と異なり、仮設足場が提供されているとは限らず、防水工事業者が労働安全衛生を自ら実施することが多く、墜落・転落防止についても対策を講じる必要がある。

　以上の内容に関連した実務者会合からの抜粋資料を付属資料１に示す。

　墜落・転落を防止するための具体例を以下に示す。

①屋上防水改修における墜落・転落防止は、大規模改修の場合には外壁に足場を架設し、屋上床（スラブ）の高さから85㎝以上の手すりまたはこれと同等以上の機能を有する設備を備えて墜落を防止することが定められている（労働安全衛生規則第552条）。また、防水単独の改修工事の場合には、高さが2m以上の作業床の端部、開口部等で墜落により労働者に危険をおよぼすおそれのある箇所に、囲い、手すり、覆い等を設けなければならず、これらを設けることが著しく困難なとき、または作業の必要上臨時にこれらを外すときは、防網を張り、労働者に墜落制止用器具等を使用させることが定められている（労働安全衛生規則第519条）。

②足場は、建物の高さ、改修の規模、設置スペース、工期、コスト等の条件により選定される。くさび緊結足場または枠組み足場の採用が一般的であるが、設置スペースが狭いまたは低層の場合には単管足場が採用されることもある。

　足場による墜落・転落防止の例を解説写真4.1に、足場の種類を付属資料２に示す。

| 枠組み足場 | 単管足場 |

解説写真4.1　足場による墜落・転落防止の例

③屋上床から墜落・転落を防止するためにパラペット、フェンス、囲い等が85㎝以上の高さを確保できない場合は、パラペットに仮設簡易手すりの設置またはパラペットに支柱を設けてロープを張り巡らすことがある。

　簡易仮設手すりの中にはウレタン塗膜防水工事の邪魔にならず、支柱の移動が容易な「スタンション」と称されるものもある。スタンションは、防水工事期間中にパラペットなどに取り付けてロープを張ったり、単管パイプを組んで手すり状にして墜落・転落を防止するもので、落下防止措置である防護柵の取付けの際にも便利な資材である。設置・撤去の際に足場組立て資格が不要、かつ施工途中での支柱の移動が容易であり、防水作業者でも扱うことができる。

　簡易仮設手すり（スタンション）と親綱で仮設の手すりを作る場合の手順例を以下に示す。

・簡易仮設手すりを開口部（手すりがなく容易に墜落できる場所）に設置する。

・簡易仮設手すりの下部はボルトが板を挟み込むような構造になっているので、開口部で取り付けられる部分を挟み込んでボルトで締める。

・簡易仮設手すりを設置後、親綱をスタンションに通して手すりを作る。

・親綱は綱引きで使われるような太くてごつい綱なので、綱同士の摩擦が強く、きつく結ぶことができ、丈夫につなぐことができる。

・簡易仮設手すり（スタンション）の例を解説図4.3に示す。簡易仮設手すりによる墜落・転落防止の例を解説写真4.2に示す。

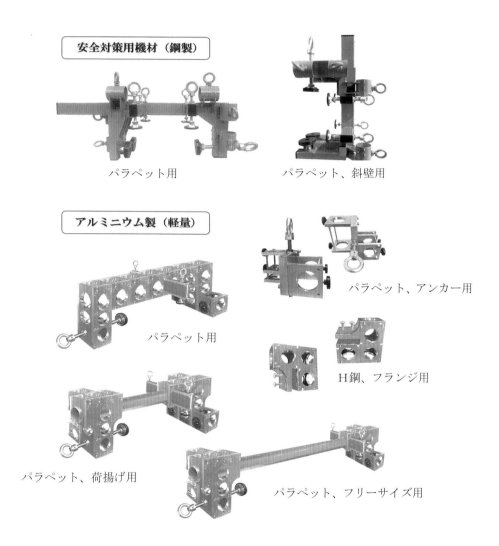

解説図4.3　簡易仮設手すり（スタンション）の例

（野口興産㈱技術資料による）

パラペットに設置、ロープ張り

パラペットに設置、単管取付け

パラペットの天端に設置、ロープ張り

荷揚げ箇所のパラペットに設置、単管取付け

斜壁のパラペットの天端に設置、ロープ張り

丸環に設置

解説写真 4.2　簡易仮設手すり（スタンション）による墜落・転落防止の例
（野口興産㈱技術資料による）

ⅱ）作業者は、墜落制止用器具を装着する。

　　墜落・転落防止措置を講ずることが困難なときは、作業者に墜落制止用器具を使用させる等の措置を講じる。墜落制止用器具は、「フルハーネス型（一本つり）」を使用することが原則であるが、着用者が墜落時に地面に到達するおそれがある場合（高さが6.75m以下）は、「胴ベルト型（一本つり）」を使用できる。ただし、一般的な建設作業の場合は5mを超える箇所では、フルハーネス型の使用が推奨されている。

　墜落制止用器具の適用について解説表 4.2 に示す。また、墜落制止用器具の例、墜落制止用器具の正しい装着例、フックの正しい掛け方例、胴ベルト型（一本つり）の使用方法の例、フルハーネス型の使用方法の例を解説図 4.4 ～ 4.8 に示す。

解説表 4.2　墜落制止用器具の適用

項目	胴ベルト型(一本つり)	フルハーネス型(一本つり)
高さ制限	6.75m 以下	無し
改正前法令に基づくタイプの使用猶予期間	～令和 4 年(2022 年)1 月 1 日	
改正法令に基づくタイプの使用期間	平成 31 年(2019)年 2 月 1 日～	
安全衛生特別教育の義務	無し	高さ 2m 以上、フルハーネス型使用の場合

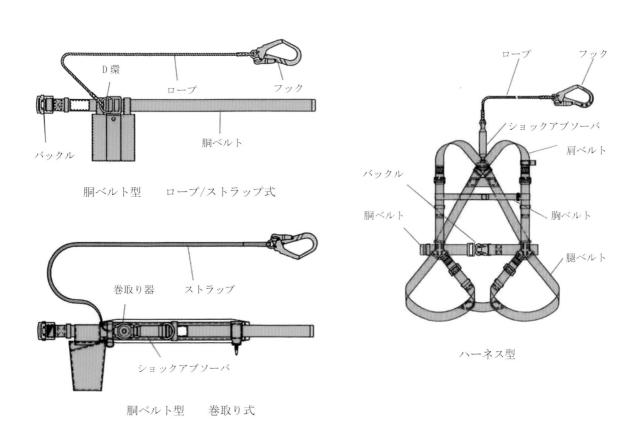

解説図 4.4　墜落制止用器具の例（「安全帯の正しい使い方（日本安全帯研究会）」より抜粋）

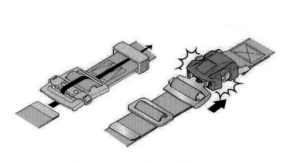

胴ベルトを確実に連結する。

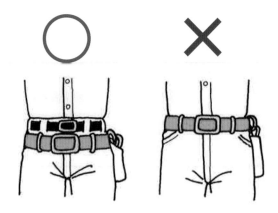

胴ベルトは腰骨のところでしっかりと締める。

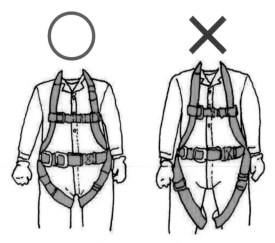

肩ベルト・腿ベルトおよび胴ベルトは緩み
がないように締める

解説図 4.5　墜落制止用器具の正しい装着例
（「安全帯の正しい使い方（日本安全帯研究会）」より抜粋）

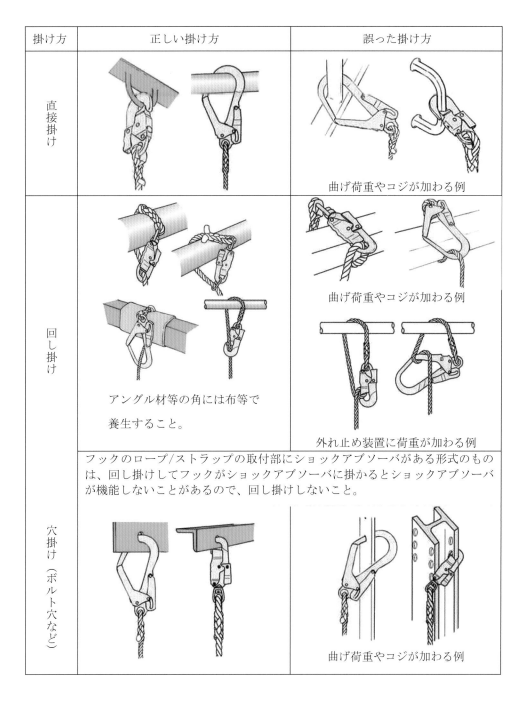

掛け方	正しい掛け方	誤った掛け方
直接掛け		曲げ荷重やコジが加わる例
回し掛け	アングル材等の角には布等で養生すること。	曲げ荷重やコジが加わる例 外れ止め装置に荷重が加わる例
穴掛け（ボルト穴など）	フックのロープ/ストラップの取付部にショックアブソーバがある形式のものは、回し掛けしてフックがショックアブソーバに掛かるとショックアブソーバが機能しないことがあるので、回し掛けしないこと。	曲げ荷重やコジが加わる例

解説図 4.6　フックの正しい掛け方例

（「安全帯の正しい使い方（日本安全帯研究会）」より抜粋）

55

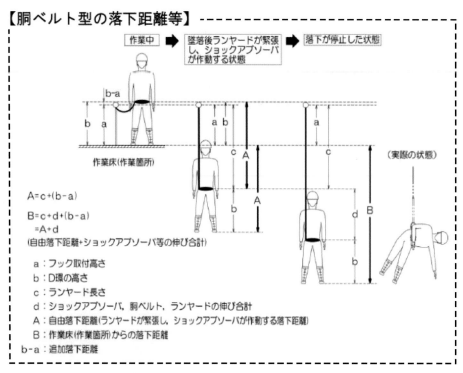

解説図 4.7　胴ベルト型（一本つり）の使用方法の例

（厚生労働省「安全帯が「墜落制止用器具」に変わります！」より抜粋）

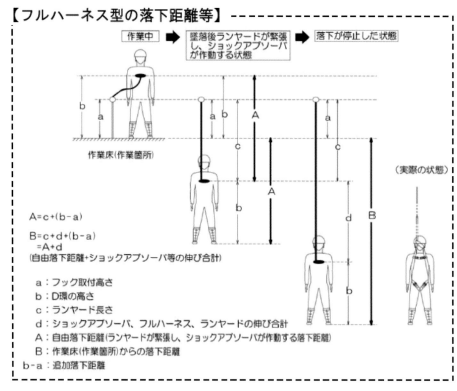

解説図 4.8　フルハーネス型の使用方法の例

（厚生労働省「安全帯が「墜落制止用器具」に変わります！」より抜粋）

b．飛散防止対策

　ウレタンゴム系高強度形防水材を吹付け施工する際は、近隣周辺への材料の飛散防止などの対策を講じる。

(1)養生の必要性

　ウレタンゴム系高強度形防水材は、2液の材料をそれぞれ規定の温度に加温し保温しながら圧送して、吹付ガンで衝突混合して吹付ける。ガン先から吐出された材料は数十秒でタックフリーとなるが、微細な霧状の材料（ミスト）は浮遊しながら飛散して汚染につながる。特に風が強い条件にあっては、遠方まで飛散するため、注意が必要である。

(2)養生の方法

　飛散した材料は、被着面によっては強固に接着し、除去が困難な場合があるため、飛散対策は非常に重要である。吹付け面以外の箇所に吹付けないようにするためには、マスカー等による養生が有効であるが、施工区画から外への飛散することを防止するためには、養生ネットで覆う「養生ネット方式」またはネットで覆うことができない場合にかごを作る「ケージ方式」による養生が必要となる。

ⅰ）「養生ネット方式」には、屋根のフェンスや足場を利用して養生ネットで覆う方法と、スタンションを設置してロープを張ってから養生ネットで覆う方法がある。

　　スタンションを設置する方法は、足場が無い場合の墜落・転落防止と飛散防止の両方を兼ねることができる。また、施工区画の全面または部分のいずれの養生も可能であるので適用範囲が広い特徴がある。

ⅱ）「ケージ方式」には、小型のケージで吹付ガンと吹付け面を覆い、移動しながら吹き付ける方法と、大型のケージの中に作業者が入って一定の範囲を覆ってしまう方法がある。

　これらの方式の適合部位および特徴を解説表4.3および4.4に示す。また、飛散防止の例を解説写真4.3に示す。

　なお、仕上塗料を吹付け施工する場合についても同様な対策が必要となる。

解説表4.3　養生ネット方式の適合部位および特徴

養生ネットの固定方法	適合部位	特徴
フェンス、足場を用いる方法	○フェンス、足場がある屋上等 ○足場が施工面より高く設置可能な場合	○施工区画全面を覆い完全養生できる
スタンションを用いる方法	○フェンス、足場が無い屋根等 ○スタンション設置、フック固定が可能である場合 （万力を取付けて、ロープを通す）	○施工区画全面または部分を覆い養生する ○ロープが張れれば可能であるため適用部位が広い

解説表4.4　ケージ方式の適合部位および特徴

施工方法	適合部位	特徴
小型ケージに吹付ガンを入れて吹き付ける方法	○養生ネットが張れない部位 ○スタンション設置が無理な足場 ○陸屋根(勾配がゆるやかなこと)	○小型養生で済む ○養生ネット方式に較べて低コストで済む ○吹付け部分のみを養生する
大型ケージに作業者が入って吹き付ける方法	○養生ネットが張れない部位 ○スタンション設置が無理な場合 ○陸屋根(勾配がゆるやかなこと)	○小型ケージに較べて大型養生となる ○養生ネット方式に較べて低コストで済む ○養生を移設しながら施工する ○比較的軽量である

養生ネット方式
フェンス、足場を用いる方法

養生ネット方式
スタンションを用いる方法

ケージ方式
小型ケージを用いる方法

ケージ方式
大型ケージを用いる方法

解説写真 4.3　飛散防止の例

c．表示板の掲示

　　工事中は、「関係者以外立入禁止」、「喫煙・飲食禁止」、「火気厳禁」、「危険物取扱責任者の氏名」および「危険物の内容」等の表示板を掲示する。表示場所は、ベランダ施工の場合はマンションの入り口、屋上施工の場合は、屋上通路や階段ドア等、屋内作業場は入り口など見やすい場所とする。掲示板等には工事の作業工程、内容を掲示する。

　　また、施工区画ではウレタン塗膜防水工事の混練場所、塗布作業に関係者以外立ち入り禁止とする。屋上の施工区画を立ち入り禁止とした場合の混練場所の養生の例を解説写真 4.4 に示す。

解説写真 4.4　混練場所の養生の例

58

　d．材料の保管場所

　　使用材料の保管場所および保管は、以下のことに注意する。

　⑴保管場所は関係者以外立入禁止とし、その旨を見やすい場所に表示する。また、関係者以外が立入ら
　　ないようにフェンスで囲って入口を施錠する等の措置を講じる。

　⑵屋内または倉庫に仮貯蔵し、換気設備を設ける。

　⑶高温（35℃を超える場合）にならない場所とする。

　⑷一度使用した材料は蓋をして密閉し、開封状態での保管は厳禁とする。

　e．必要な仮設、機器、資材の準備・調達

　　ウレタン塗膜防水工事に際する必要な仮設、機器、資材の準備・調達について以下に示す。

　⑴墜落・転落防止関係

　　①足場

　　　外壁に架設する。

　　②囲い、手すり、覆い等

　　　防水単独の改修工事の場合に適用される。

　　②墜落制止用器具

　　　2m以上の作業床がない箇所または作業床の端、開口部等で囲い・手すり等の設置が困難な箇所に
　　　おける作業に適用される。

　⑵養生関係

　　①養生シート

　　　材料を通さないプラスチック製のものとする。

　　②粘着テープ（梱包用粘着テープ等）

　　　容易に剥がれず、剥がした際に粘着剤が下地に残らないものとする。

　　③カラーコーン

　　　強風により倒れないものとする。

　　④合板等（養生材の上に敷くことで、養生材の保護とする）

　　　養生材の上に敷くことで、養生材の保護とする。

　　⑤飛散防止

　　　ウレタンゴム系高強度形防水材または仕上塗料を吹付け施工する場合に養生ネット、ケージなどが
　　　必要となる。

　⑶防水施工関係

　　①清掃用具

　　②防水施工用工具（撹拌機、コテ、皮スキ、バケツ、ウエス、ゴミ袋、秤、メジャー、はさみ、カッ
　　　ター等）

　⑷その他

　　①照明器具（必要に応じて）

　　②表示または掲示

　　　消防法に係るもの。火気厳禁、危険物取扱責任者および危険物の内容。

　　③知らせ看板またはチラシ

　　　プライマーおよび仕上塗料は、施工中だけでなく硬化後もしばらく臭気が残るので、建物利用者・

　　　入居者に知らせ看板、チラシ等を利用して経過時間と共に解消する旨を伝える。

ｄ．施工条件

　材料の物性に硬化速度や乾燥時間に影響する温度、湿度の管理および接着力に影響する露点管理は施工上の不具合を防止するための重要な管理項目である。

(1)温度5℃以上、湿度80%以下であること。

(2)上記条件から求めた露点を、下地温度が上回っていること。

(3)また気温が35℃を超える場合は、熱中症対策を講じるとともに、作業時間を調整して最高気温に到達する時間帯の施工を避けることが望ましい。

4.2 既存保護層付きアスファルト系防水層に対する改修施工

4.2.1 保護層処理ウレタン塗膜防水改修工法

a．既存保護層の処理

改修工事仕様書で指定された以下に示す下地処理工法により、平場および立上りを保護層処理ウレタン塗膜防水改修工法による改修工事に適した状態にする。

＜平場＞

⑴下地調整工法

⑵シール工法（ウレタンゴム系塗膜防水工法・絶縁仕様には適用しない）

⑶補強布張り工法（ウレタンゴム系塗膜防水工法・絶縁仕様には適用しない）

⑷充填工法

⑸目地充填工法

＜立上り＞

⑴下地調整工法

⑵シール工法

⑶補強布張り工法

⑷充填工法

⑸アンカーピンニング部分エポキシ樹脂注入工法

⑹モルタル塗替え工法

b．ウレタン塗膜防水工法の仕様の種別

改修工事仕様書で以下に示す4仕様から指定されたウレタン塗膜防水工法で施工する。

⑴ウレタンゴム系高伸長形塗膜防水工法・絶縁仕様（L-USS）

⑵ウレタンゴム系高伸長形塗膜防水工法・密着仕様（L-UFS）

⑶ウレタンゴム系高強度形塗膜防水工法・絶縁仕様（L-USH）

⑷ウレタンゴム系高強度形塗膜防水工法・密着仕様（L-UFH）

c．材料の品質確認および受入れ

⑴改修工事に使用する材料が所定の品質を有することを確認する。

⑵搬入された材料、数量、製造業者名などを確認する。

d．ウレタン塗膜防水工法の施工法

以下に示す各々の工程を施工要領書に準じて施工する。

各々の工程を以下に示す。

⑴作業のための養生（平場、立上り共通）

⑵接着剤またはプライマーの塗布（平場、立上り共通）

⑶通気緩衝シートの張付けおよび脱気装置の設置（平場のみ）

⑷防水材の調合、かくはん、混合および希釈

⑸補強布の張付け（平場、立上り共通）

⑹ウレタンゴム系防水材の塗布（平場、立上り共通）

⑺仕上塗料の塗布（平場、立上り共通）

a．既存保護層の処理

　既存保護コンクリートの下地処理には設計図書で指定された下地処理工法を施工要領書にしたがって施工を行う。

　下地調整工法（平場、立上り共通）、シール工法（平場、立上り共通）、補強布張り工法（平場、立上り共通）、充填工法（平場、立上り共通）、アンカーピンニング部分エポキシ樹脂注入工法（立上り）、モルタル塗替え工法（立上り）、目地充填工法（平場）の施工概要および作業手順を解説表4.5～4.11に示す。

解説表 4.5　下地調整工法の施工概要および作業手順（平場、立上り共通）

適用する下地の状態	施工概要および作業手順
保護コンクリート表面の脆弱化（平場） 汚損物（苔）付着(平場) 保護モルタル表面の脆弱化（立上り）	（施工概要） 　ケレン棒、電動サンダー、高圧水洗等で取り除き,段差のある場合はポリマーセメントペーストまたはポリマーセメントモルタルで平滑にする。 　使用する材料は、JIS A6919 建築用下地調整塗材の下地調整塗材 C-1 等で防水材製造所が指定するものとする。 （作業手順） 電動サンダーがけ　ポリッシャーがけ　高圧水洗 ポリマーセメントペースト塗布 ポリマーセメントペースト塗布完了

解説表 4.6　シール工法の施工概要および作業手順（平場、立上り共通）

適用する下地の状態	施工概要および作業手順
保護コンクリートのひび割れ （平場） 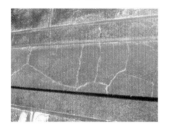 保護モルタルのひび割れ （立上り） 	（施工概要） 　幅 0.2mm 以上、1mm 未満のひび割れは、ポリマーセメントペースト等を幅約 100mm で擦り込み、シールする。 　使用する材料は、JIS A6919 建築用下地調整塗材の下地調整塗材 C-1 等で防水材製造所が指定するものとする。 　ウレタンゴム系塗膜防水工法・絶縁仕様には適用しない。 （作業手順） ①ひび割れ周りを清掃する ②ひび割れと周辺幅約 100mm にポリマーセメントペーストを擦り込み、シールする 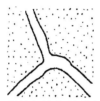 ③擦り込んだポリマーセメントペーストをラスター刷毛などでならす

解説表 4.7　補強布張り工法の施工概要および作業手順（平場、立上り共通）

適用する下地の状態	施工概要および作業手順
保護コンクリートのひび割れ （平場）  保護モルタルのひび割れ （立上り） 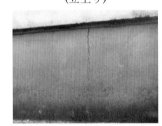	（施工概要） 　幅 1mm 以上のひび割れは、幅 100mm 以上の補強布と JIS A6021 建築用塗膜防水材の立上り用ウレタンゴム系防水材で補強布張りを行う。 　補強布は、防水材製造所が指定するものとする。 　ウレタンゴム系塗膜防水工法・絶縁仕様には適用しない。 （作業手順）  ①ひび割れ部周辺を清掃する ②ウレタン用プライマーを塗布する ③立上り用ウレタンゴム系防水材をひび割れの中心から幅 100mm 以上に 0.3kg/㎡程度塗布する  ④幅 100mm 以上の補強布をシワの無いように張付ける  ⑤補強布の上から立上り用ウレタンゴム系防水材を 0.3kg/㎡程度塗布する

解説表 4.8　充填工法の施工概要および作業手順（平場、立上り共通）

適用する下地の状態	施工概要および作業手順
保護コンクリートの欠損 （平場） 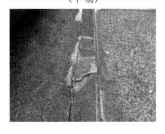 保護モルタルの欠損 （立上り） 	（施工概要） 　欠損は、エポキシ樹脂モルタルまたはポリマーセメントモルタルを用いた充填工法で補修する。 　ポリマーセメントモルタルを立上り面に使用する場合は一回の塗厚は7mm未満とし、平場面に使用する場合の一回の塗厚は製造所の指定による。 1) エポキシ樹脂モルタルによる充填工法 　　使用する材料は，建築学会編「鉄筋コンクリート造建築物の耐久性調査・診断および補修指針（案）・同解説」および「建築改修工事監理指針」に規定されている断面修復用軽量エポキシ樹脂モルタルの品質のものとする。 2) ポリマーセメントモルタルによる充填工法 　　使用する材料は，建築学会編「鉄筋コンクリート造建築物の耐久性調査・診断および補修指針（案）・同解説」および「建築改修工事監理指針」に規定されている断面修復用ポリマーセメントモルタルの品質基準（案）によるものとする。 （作業手順） 1) エポキシ樹脂モルタルによる充填工法 ①欠損部をケレン・清掃する ②プライマーを塗布する ③エポキシ樹脂モルタルを充填する 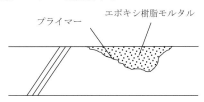 2) ポリマーセメントモルタルによる作業手順 ①欠損部をケレン・清掃する ②プライマーを塗布する ③ポリマーセメントモルタルを充填する 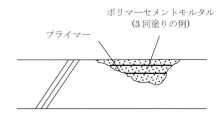

解説表 4.9　アンカーピンニング部分エポキシ樹脂注入工法の施工概要および作業手順（立上り）

適用する下地の状態	施工概要および作業手順
モルタルおよびモルタル笠木の浮き 	（施工概要） 　モルタル笠木および立上り部の保護モルタルの浮きが比較的狭い範囲の場合に実施する。 ・アンカーピンニング部分エポキシ樹脂注入工法は、笠木天場などは千鳥で5本/m、立上り部およびの狭幅部（200mm 以下）は幅中央に5本/m 行う。 ・穿孔は、コンクリート中に 30mm 程度の深さまで行う。 ・使用する注入用エポキシ樹脂は、JIS A 6024 硬質形・高粘度形で、1孔当たり 25ml 程度とする。 ・使用するアンカーピンは、SUS304 で、呼び径4mm の丸棒で全ネジ切り加工したもので、モルタルの厚さ＋コンクリート 20mm の長さとする。 （※注入口付きアンカーピンニング部分エポキシ樹脂注入工法で行う場合は、製造所の仕様とする） （作業手順） 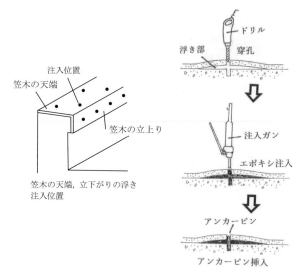 ①打検により浮き範囲を確認して穿孔位置をマーキングする ②穿孔する ③孔内を圧搾空気やブラシで清掃する ④エポキシ樹脂を注入する ⑤アンカーピンを挿入する ⑥孔の表面をエポキシ樹脂で埋める

解説表 4.10 モルタル塗替え工法の施工概要および作業手順（立上り）

適用する下地の状態	施工概要および作業手順
モルタル笠木の浮き 	（施工概要） 　モルタル笠木および立上り部の保護モルタルがはく落または浮きが比較的広い場合、およびはらみが認められる場合に、既存保護モルタルを除去して、新たにポリマーセメントモルタルによる塗り替えをおこなう。 （作業手順） 　①浮き部、はらみを斫り取る 　②下地をケレン・清掃する 　③プライマーを塗布する 　④ポリマーセメントモルタルを塗り付ける

解説表 4.11 目地充填工法の施工概要および作業手順

適用する下地の状態	施工概要および作業手順
伸縮目地部	（施工概要） 　目地材全体を撤去して、目地内にバックアップ材を挿入してポリウレタン系シーリング材を充填するが、目地材の構造により全体の撤去が難しい場合は、表面のプラスチックカバーと目地材を撤去してポリウレタン系シーリング材（ポリウレタン系シーリング材の代わりに立上り用ウレタンゴム系防水材を使用しても良い）を充填する方法もある。 　本工法の他に処理を省力化するために、防水材製造所が推奨する特殊モルタルや、テープ状成形品を使用した処理方法がある。その場合は防水材製造所の指定による。 （作業手順） 　①表面のプラスチックカバーと目地材を撤去する 　②目地内を清掃する 　③バックアップ材を充填する 　④プライマーを塗布する 　⑤ポリウレタンシーリング材を充填する

b．ウレタン塗膜防水層の仕様の種別

改修工事仕様書で指定されたウレタン塗膜防水工法の仕様の種別、工程、使用材料および使用量について解説表 4.12 ～ 4.15 に示す。

解説表 4.12　ウレタンゴム系高伸長形塗膜防水工法・絶縁仕様（L-USS）

工程＼部位	平場（勾配 1/50～1/20）		立上り	
工程-1	通気緩衝シート張付け		プライマー塗り［0.2kg/m²］	
工程-2	ウレタンゴム系高伸長形防水材塗り	［3.9kg/m²］	補強布張付け（ウレタンゴム系高伸長形防水材）	［2.6kg/m²］
工程-3	ウレタンゴム系高伸長形防水材塗り		ウレタンゴム系高伸長形防水材塗り	
工程-4	－		ウレタンゴム系高伸長形防水材塗り	

工程＼保護層・仕上げ層	仕上塗料	仕上塗料
工程-1	仕上塗料塗り［0.2kg/m²］	仕上塗料塗り［0.2kg/m²］

［注］（1）ウレタンゴム系防水材の使用量は、硬化物比重が 1.3 である材料の場合を示しており、硬化物比重がこれ以外の場合にあっては、使用量を換算する。

解説表 4.13　ウレタンゴム系高伸長形塗膜防水工法・密着仕様（L-UFS）

工程＼部位	平場（勾配 1/50～1/20）		立上り	
工程-1	プライマー塗り［0.2kg/m²］		プライマー塗り［0.2kg/m²］	
工程-2	補強布張付け（ウレタンゴム系高伸長形防水材）	［3.9kg/m²］	補強布張付け（ウレタンゴム系高伸長形防水材）	［2.6kg/m²］
工程-3	ウレタンゴム系高伸長形防水材塗り		ウレタンゴム系高伸長形防水材塗り	
工程-4	ウレタンゴム系高伸長形防水材塗り		ウレタンゴム系高伸長形防水材塗り	

工程＼保護層・仕上げ層	仕上塗料	仕上塗料
工程-1	仕上塗料塗り［0.2kg/m²］	仕上塗料塗り［0.2kg/m²］

［注］（1）ウレタンゴム系防水材の使用量は、硬化物比重が 1.3 である材料の場合を示しており、硬化物比重がこれ以外の場合にあっては、使用量を換算する。

解説表 4.14　ウレタンゴム系高強度形塗膜防水工法・絶縁仕様（L-USH）

工程＼部位	平場　（RC・PCa・ALC 下地）（勾配 1/50～1/20）	立上り　（RC 下地）
工程-1	通気緩衝シート張付け	プライマー塗り［0.2kg/m²］
工程-2	ウレタンゴム系高強度形防水材吹付け［3.0kg/m²］	ウレタンゴム系高強度形防水材吹付け［2.0kg/m²］

工程＼保護層・仕上げ層	仕上塗料	仕上塗料
工程-1	仕上塗料塗り［0.2kg/m²］	仕上塗料塗り［0.2kg/m²］

［注］（1）ウレタンゴム系防水材の使用量は、硬化物比重が 1.0 である材料の場合を示しており、硬化物比重がこれ以外の場合にあっては、使用量を換算する。

解説表 4.15　ウレタンゴム系高強度形塗膜防水工法・密着仕様（L-UFH）

工程＼部位	平場（勾配 1/50～1/20）	立上り
工程-1	プライマー塗り［0.2kg/m²］	プライマー塗り［0.2kg/m²］
工程-2	ウレタンゴム系 高強度形防水材吹付け ［3.0kg/m²］	ウレタンゴム系 高強度形防水材吹付け ［2.0kg/m²］

工程＼保護層・仕上げ層	仕上塗料	仕上塗料
工程-1	仕上塗料塗り ［0.2kg/m²］	仕上塗料塗り ［0.2kg/m²］

［注］（1）ウレタンゴム系防水材の使用量は、硬化物比重が 1.0 である材料の場合を示しており、硬化物比重がこれ以外の場合にあっては、使用量を換算する。

c．材料の品質確認および受入れ

(1)材料が搬入されたら、設計図書に適合し、承諾を得た材料であることを確認する。

(2)設計図書、施工計画書などに記載された品名、数量であることを確認する。その他、製造業者名、材料毎に製造年月日、貯蔵有効期間などを確認し、工事監理者の要求に応じて、試験成績書などを提出する。

d．ウレタン塗膜防水工法の施工法

保護層処理ウレタン塗膜防水改修工法の施工にあたり、a．既存防水層の下地処理が完了し、適切な下地状態になっていることを確認する。各工程の施工法について解説表 4.16 に示す。

なお、ウレタンゴム系高強度形塗膜防水工法の場合、補強布張りは不要である。

解説表 4.16　保護層処理ウレタン塗膜防水改修工法の施工法

工程	施工法
(1)作業のための養生	・計量およびかくはん・混合場所は、ビニルシートなど適正な材料を用いて養生する。 ・計量およびかくはん・混合場所周辺は、作業時に材料が付着しないようにマスカー・ビニルシート・ポリエチレンフィルムなどで養生する。 ・塗布区域外への材料付着を防止するために、マスカー・ポリエチレンフィルム・養生テープなどを用いて養生する。特に風が強い場合には注意する。 ・超速硬化吹付けタイプのウレタンゴム系防水材などを吹付け施工する場合は、4.1.2 項に示す飛散防止対策を実施する。
(2)接着剤またはプライマーの塗布	・はけ・ローラーばけ、ゴムベラまたは吹付け機器などを使用し、むらなく塗布する。 ・季節および種類により乾燥時間が変化するので、次工程の施工にあたり乾燥状態を確認する。 ・下地の状態により、プライマーや接着剤の吸込みが激しい場合は増塗りを行う。 ・溶剤型を使用する場合は、火気に注意して施工を行う。 立上りの塗布　　　　平場の塗布

(3)通気緩衝シートの張付けおよび脱気装置の設置		・通気緩衝シートの張付け方法は、防水材製造所の指定による。主な通気緩衝シートの種別および張付け方法を下表に示す。

種別		張付け方法
不織布タイプ	穴なし	下地に接着剤を塗布して張り付ける
	穴あき	下地に接着剤を塗布して張り付けた後に、立上り用または目止め用ウレタンゴム系防水材をシートの穴に充填して張り付け、アンカー効果により接着力を持たせる
複合タイプ	自着	下地にプライマーを塗布して乾燥後に張り付ける
	接着剤	下地に接着剤を塗布して張り付ける
	機械的固定	下地にディスクとアンカーを用いて固定する

・継ぎ目は、防水材製造所の指定する方法に従って処理する。
・補強布との取合い部分は、防水材製造所の指定する方法による。
・一般的な通気緩衝シートの張付けは、適切な接着剤を下地に塗布して張り付けるが、穴あきシートでは、接着剤で下地に張り付けた後に、穴の中にウレタンゴム系防水材を充填して張り付ける。自着層のある通気緩衝シートでは、プライマー塗布後にシート下面の自着層の接着力で下地に接着させる。
・通気緩衝シートは下地からの浮き、端部の耳はね、しわなどが生じないように注意して張り付ける。
・通気緩衝シートの継ぎ目は突付けとし、突付け部分は 50mm 以上の幅の接着剤付きポリエステル不織布あるいは織布などのテープを張り付ける。
・立上り、ドレン回りおよびパイプ回りなどでは、通気緩衝シートを用いると接着面積が不足したり、立上り端部の雨仕舞の処理が難しくなるので通気緩衝シートに替えて補強布を用いる。この場合、通気緩衝シートの端部をポリウレタン系シーリング材または立上り用ウレタンゴム系防水材で処理した上、補強布を通気緩衝シートの上に 100mm 程度張り掛けて防水材を塗布する。立上りおよび基礎の納まりの例を下図に示す。

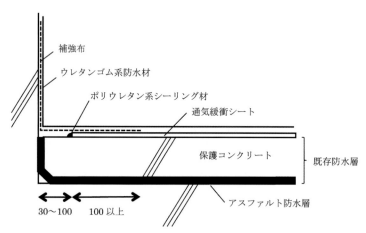

立上りおよび基礎の納まりの例（単位：mm）

・脱気装置の設置方法は、防水材製造所の指定による。
・一般に 25～100 ㎡程度ごとに設置するが、屋上の構造、用途、下地の乾燥状況により増設することがある。
・取付ける位置は水上が原則であるが、現場の形状、使い方により判断する。既存保護コンクリートの目地の交点に充填したバックアップ材とポリウレタン系シーリング材を径 20mm 程度撤去した上に設置することで脱気性能が大きく向上する。
・平場に設置できない場合のために、立上りに設置するタイプのものある。

通気緩衝シート張付け

転圧

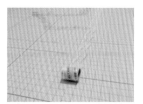
ジョイントテープ張付け

脱気装置の設置

防水施工完了後

(4)防水材の調合、かくはん、混合および希釈	1) ウレタンゴム系高伸長形防水材 ・2成分反応硬化形の場合、主剤・硬化剤を指定された混合割合で行う。 ・主剤・硬化剤の混合は、かくはん機で行う。 　かくはん機はモーターの出力が大きく回転の遅いものを使用する。回転が速いと空気を巻き込み、ピンホールの原因や仕上り面を悪化させる。 ・かくはん後は、すみやかに塗布作業を行う。 ・ウレタンゴム系防水材は、製品により可使時間、硬化時間、塗り重ね間隔などが異なるため、防水材製造所の指定に従って施工する。 ・希釈剤は、原則として用いないことが望ましいが、低温時などウレタンゴム系防水材の粘度が高く施工が困難な場合は，防水材製造所の指定する希釈剤を用いて希釈する。ただし、希釈剤の量は防水材に対し5％以内とする。 ・立上りおよび穴あきシートの目止めについては、防水材製造所の指定によりだれ止め剤として増粘剤を併用する場合もある。 　 　　　　調合　　　　　　　　　かくはん 2) ウレタンゴム系高強度形防水材 ・専用の吹付機械を使用し、防水材製造所の指定する方法により施工する。 ・あらかじめ防水材製造所の推奨する吹付け機器に対応した施工指導を受ける。 ・良好な塗膜を得るために施工現場における機器の整備・調整を確実に行う。 ・スプレーミストの飛散による周囲の汚染を避けるため、十分な養生を行う。 ・施工条件の整わない部位では手塗り工法を選択する。  専用吹付機による圧送、衝突混合かくはん・吹付け
(5)補強布の張付け	・張付けは、立上り、出隅、入隅、ドレン回りおよび突出部回りから着手する。 ・下地によくなじませ、耳立ち、しわなどが生じないようにウレタンゴム系防水材で張り付ける。 ・重ね幅は、50 mm 程度とする。 ・張付けは、プライマーの乾燥を確認した後、ローラーばけ、ゴムベラなどの工具を用い補強布を下地になじませ、ウレタンゴム系防水材を塗りながら行う。 ・立上り・平場のウレタンゴム系防水材の施工に先立ち、ドレン回りおよび貫通パイプ等の突出部回りなどに補強布を用いて補強張りを行う。

| ウレタンゴム系防水材
下塗り | 補強布張り | ウレタンゴム系防水材
上塗り |

(6)防水材の塗布	1）ウレタンゴム系高伸長形防水材 ・通常は立上り、平場部の順に施工する。 ・ゴムベラ、金ごて、スクイジーなどを用い、気泡・ピンホールを生じないよう施工する。 ・同一箇所で塗継ぎを行わない。また、塗継ぎの幅は 100 mm 程度とする。 ・補強布の上に塗布する場合は、不浸透部分が生じないよう十分注意する。 ・塗重ねは、防水材製造所の指定する最長時間を超えないものとする。 ・所定の使用量を確保するには、防水材の1セットあたりの使用量を区割りして施工する。 ・1工程あたりの使用量は、ピンホールや不陸対策のため、平場では 0.4〜2.5 kg/m² 、立上りでは 0.4〜1.5 kg/m² としている。 2）ウレタンゴム系高強度形防水材 ・通常は立上り、平場部の順に施工する。 ・専用吹付機を用い、気泡・ピンホールを生じないよう施工する。 ・同一箇所で塗継ぎを行わない。また、塗継ぎの幅は 100 mm 程度とする。 ・塗重ねは、防水材製造所の指定する最長時間を超えないものとする。 ・所定の使用量を確保するには、区割りして必要なカウンター数や流量を吹付施工する。 ・超速硬化吹付けタイプ防水材については、防水材製造所の指定に従って施工する。

| ウレタンゴム系高伸長形
防水材　平場 | ウレタンゴム系高伸長形
防水材　立上り | ウレタンゴム系高強度形
防水材 |

(7)仕上塗料の塗布	・仕上塗料の施工に先立ち、防水層の硬化状態を確認する。また、防水材の使用量、出隅・入隅、ドレン回り、立上り末端などの納まり、仕上り、ピンホール、ふくれ、しわ、漏水などの有無を点検・処理する。 ・非塗装部分は、汚染防止のために養生を行う。 ・計量およびかくはん・混合する周辺は、作業時に防水材が付着することがあるので、ビニルシート・ポリエチレンフィルムなどで養生する。 ・仕上塗料の種類および施工法は、防水材製造所の指定するものとする。 ・仕上塗料を、はけ、ローラーばけ、吹付け機器などを用いて、規定量をむらなく塗布する。 ・使用量は、一般的に、0.2kg/m² 程度であり、仕上塗料の性状に応じて2回塗りなどにより所定量を確保する。塗重ねは乾燥時間に注意する。 ・防水層との塗重ねは、防水材製造所に指定された時間間隔で施工する。

| 立上り | 平場 |

4.2.2 防水層撤去ウレタン塗膜防水改修工法

a. 既存防水層撤去後の下地処理

　改修工事仕様書で指定された既存防水層撤去後の下地処理工法により、防水層撤去ウレタン塗膜防水改修工法に適した状態になるように処理する。

　下地処理工法を以下に示す。

　　⑴下地調整工法（平場、立上り共通）

　　⑵シール工法（平場、立上り共通）

　　⑶補強布張り工法（平場、立上り共通）

　　⑷充填工法（平場、立上り共通）

b. ウレタン塗膜防水工法の仕様の種別

　改修工事仕様書で以下に示す4仕様から指定されたウレタン塗膜防水工法で施工する。

　　⑴ウレタンゴム系高伸長形塗膜防水工法・絶縁仕様（L-USS）

　　⑵ウレタンゴム系高伸長形塗膜防水工法・密着仕様（L-UFS）

　　⑶ウレタンゴム系高強度形塗膜防水工法・絶縁仕様（L-USH）

　　⑷ウレタンゴム系高強度形塗膜防水工法・密着仕様（L-UFH）

c. 材料の品質確認および受入れ

　　⑴改修工事に使用する材料が所定の品質を有することを確認する。

　　⑵搬入された材料、数量、製造業者名などを確認する。

d. ウレタン塗膜防水工法の施工法

　以下に示す各々の工程を施工要領書に準じて施工する。

　　⑴作業のための養生（平場、立上り共通）

　　⑵接着剤またはプライマーの塗布（平場、立上り共通）

　　⑶通気緩衝シートの張付けおよび脱気装置の設置（平場のみ）

　　⑷防水材の調合、かくはん、混合および希釈

　　⑸補強布の張付け（平場、立上り共通）

　　⑹ウレタンゴム系防水材の塗布（平場、立上り共通）

　　⑺仕上塗料の塗布（平場、立上り共通）

a. 既存防水層撤去後の下地処理

　既存防水層にアスベストが含有されている場合は石綿障害予防規則、大気汚染防止法、廃棄物の処理及び清掃に関する法律などに従って撤去および処分する。

　既存アスファルト防水層の撤去後は、ウレタン塗膜防水工法による改修までの間に降雨による漏水事故を防止するために仮防水を検討する。既存防水層撤去後の下地処理工法を施工要領書にしたがって施工を行う。

　露出したコンクリート表面に脆弱部および既存アスファルト防水の残存物、ひび割れ、欠損が発生している場合は、下地調整工法（平場、立上り共通）、シール工法（平場、立上り共通）、補強布張り工法（平場、立上り共通）、充填工法（平場、立上り共通）により処理を行う。下地調整工法（平場、立上り共通）の施工概要および作業手順を解説表4.17に示す。なお、シール工法（平場、立上り共通）、補強布張り工法（平場、立上り共通）、充填工法（平場、立上り共通）の施工概要および作業手順は解説表4.6

～4.8 に準じる。

解説表 4.17 下地調整工法の施工概要および作業手順

下地の状態	施工概要および作業手順
コンクリート表面の漸弱部および既存アスファルト防水撤去後の残存物	(施工概要) 　ケレン棒、電動サンダー、高圧水洗等で取り除き, 段差のある場合はポリマーセメントペーストまたはポリマーセメントモルタルで平滑にする。 　既存防水層撤去後の残存物による付着性の低下を防止したり、耐溶剤性の低い仮防水材を用いた場合に耐溶剤性を付与する目的で塗り付ける。 　使用する材料は、JIS A6919 建築用下地調整塗材の下地調整塗材 C-1 等で防水材製造所が指定するものとする。 (作業手順) 電動サンダーがけ　　ポリッシャーがけ　　　高圧水洗 ポリマーセメントペースト塗布 ポリマーセメントペースト塗布完了

b．ウレタン塗膜防水層の仕様の種別

　改修工事仕様書で指定されたウレタン塗膜防水工法の仕様の種別、工程、使用材料および使用量については解説表 4.12 ～ 4.15 に準じる。

c．材料の品質確認および受入れ

(1)材料が搬入されたら、設計図書に適合し、承諾を得た材料であることを確認する。

(2)設計図書、施工計画書などに記載された品名、数量であることを確認する。その他、製造業者名、材料毎に製造年月日、貯蔵有効期間などを確認し、工事監理者の要求に応じて、試験成績書などを提出する。

d．ウレタン塗膜防水工法の施工法

　　ウレタン塗膜防水改修工法（防水層撤去）の施工にあたり、a.既存防水層の下地処理が完了し、適切な下地状態になっていることを確認する。各工程の施工法については解説表4.16に準じる。

　　なお、ウレタンゴム系高強度形塗膜防水工法の場合、補強布張りは不要である。

4.3　既存ウレタン塗膜防水層に対する補修・改修施工
4.3.1　仕上塗料部分塗り補修工法

a．既存防水層の下地処理

　　補修工事仕様書で指定された塗膜表面処理により、仕上塗料部分塗り補修工法による補修工事に適した状態になるように処理する。

b．補修工法

　　補修工事仕様書で示す仕上塗料部分塗り補修工法で施工する。

c．材料の品質確認および受入れ

　　⑴補修工事に使用する材料が所定の品質を有することを確認する。

　　⑵搬入された材料、数量、製造業者名などを確認する。

d．ウレタン塗膜防水工法の施工法

　　以下に示す各々の工程を施工要領書に準じて施工する。

　　⑴作業のための養生

　　⑵層間プライマーの塗布

　　⑶仕上塗料の塗布

a．既存防水層の下地処理

　　既存ウレタン塗膜防水層表面の仕上塗料塗膜の割れ・剥がれ、塵あい、藻類・かび、白亜化、油脂類を除去するために、デッキブラシ等を用いた水洗、高圧水洗、中性洗剤または溶剤を用いた洗浄を行い、付着物が指に付かなくなる状態まで清浄にする。塗膜表面処理の施工概要および作業手順を解説表4.18示す。

解説表 4.18　塗膜表面処理の施工概要および作業手順

適用する下地の状態	施工概要および作業手順
仕上塗料塗膜の割れ・剥がれ  塵あい、藻類・かび・白亜化等の粉類、油脂類の付着 	（施工概要） 　仕上塗料塗膜の割れ・剥がれ・塵あい、藻・かび・こけ、白亜化はデッキブラシ等を用いた水洗、または高圧水洗により下地を清浄にする。 　油脂類は中性洗剤洗いをした後に水洗いまたは溶剤拭き等により下地を清浄にする。  デッキブラシを用いた洗浄　　　　高圧水洗 （作業手順） ①作業場所周辺を養生する。 ②除去物でドレンが詰まらないようにあらかじめ堆積物をケレンにて除去する。 ③a.水を撒いた後にデッキブラシで擦り、仕上塗料塗膜の割れ・剥がれ・塵あい、藻・かび・こけ、白亜化を除去する。 　b.10〜15MPa 程度の高圧水洗にて、仕上塗料塗膜の割れ・剥がれ・塵あい、藻・かび・こけ、白亜化を除去する。 　c.中性洗剤または溶剤拭き等により油脂類を除去する。 ④水道水にて除去物を洗い流す。

b．補修工法

　仕上塗料部分塗り補修工法の塗布区域は設計図書の定める範囲とする。工程、使用材料および使用量を解説表 4.19 に示す。

解説表 4.19　仕上塗料部分塗り補修工法

工程 ＼ 部位	平場（既存ウレタン塗膜防水層下地）	立上り（既存ウレタン塗膜防水層下地）
工程-1	層間プライマー塗り ［0.1〜0.2kg/m²］	層間プライマー塗り ［0.1〜0.2kg/m²］
工程-2	仕上塗料塗り ［0.2kg/m²］	仕上塗料塗り ［0.2kg/m²］

c．材料の品質確認および受入れ

(1)材料が搬入されたら、設計図書に適合し、承諾を得た材料であることを確認する。

(2)設計図書、施工計画書などに記載された品名、数量であることを確認する。その他、製造業者名、材料毎に製造年月日、貯蔵有効期間などを確認し、工事監理者の要求に応じて、試験成績書などを提出する。

d．ウレタン塗膜防水工法の施工法

　　仕上塗料部分塗り補修工法の施工にあたり、a．既存防水層の下地処理が完了し、適切な下地状態になっていることを確認する。各工程の施工法について解説表 4.20 に示す。

解説表 4.20　仕上塗料部分塗り補修工法の各工程の施工法

工程	施工法
(1)作業のための養生	・計量およびかくはん・混合場所は、ビニルシートなど適正な材料を用いて養生する。 ・計量およびかくはん・混合場所周辺は、作業時に材料が付着しないようにマスカー・ビニルシート・ポリエチレンフィルムなどで養生する。 ・塗布区画の確定および塗布区域外への材料付着を防止するために、マスカー・ポリエチレンフィルム・養生テープなどを用いて四角形に見栄え良く養生する。特に風が強い場合には注意する。
(2)層間プライマーの塗布	・はけ・ローラーばけなどを使用し、むらなく塗布する。 ・季節および種類により乾燥時間が変化するので、仕上げ塗料の施工にあたり乾燥状態を確認する。 ・下地の状態により、層間プライマーの吸込みが激しい場合は、増塗りを行う。 ・溶剤型の層間プライマーを使用する場合は、火気に注意して施工を行う。 立上りの塗布　　　　　平場の塗布
(3)仕上塗料の塗布	・仕上塗料の施工に先立ち、防水層の硬化状態を確認する。 ・仕上塗料の種類および施工法は、防水材製造所の指定するものとする。 ・仕上塗料を、はけ、ローラーばけ、吹付け機器などを用いて、規定量をむらなく塗布する。 ・使用量は、一般的に、0.2kg/m² 程度であり、仕上塗料の性状に応じて 2 回塗りなどにより所定量を確保する。塗重ねは乾燥時間に注意する。 ・防水層との塗重ねは、防水材製造所に指定された時間間隔で施工する。 立上り　　　　　　平場

4.3.2　仕上塗料全面塗り補修工法

---

a．既存防水層の下地処理

　　補修工事仕様書で指定された塗膜表面処理により、仕上塗料全面塗り補修工法による補修工事に適した状態になるように処理する。

b．補修工法

　　補修工事仕様書で示す仕上塗料全面塗り補修工法で施工する。

c．材料の品質確認および受入れ

　　⑴補修工事に使用する材料が所定の品質を有することを確認する。

　　⑵搬入された材料、数量、製造業者名などを確認する。

d．ウレタン塗膜防水工法の施工法

　　以下に示す各々の工程を施工要領書に準じて施工する。

　　⑴作業のための養生

　　⑵層間プライマーの塗布

　　⑶仕上塗料の塗布

---

a．既存防水層の下地処理

　　既存ウレタン塗膜防水層表面の仕上塗料塗膜の割れ・剥がれ、塵あい、藻類・かび、白亜化、油脂類を除去するために、デッキブラシ等を用いた水洗、高圧水洗、中性洗剤または溶剤を用いた洗浄を行い、付着物が指に付かなくなる状態まで清浄にする。塗膜表面処理の施工概要および作業手順は解説表 4.18 に準じる。

b．補修工法

　　仕上塗料全面塗り補修工法の工程、使用材料および使用量を解説表 4.21 に示す。

解説表 4.21　仕上塗料全面塗り補修工法

部位 工程	平場（既存ウレタン塗膜防水層下地）	立上り（既存ウレタン塗膜防水層下地）
工程-1	層間プライマー塗り ［0.1〜0.2kg/m²］	層間プライマー塗り ［0.1〜0.2kg/m²］
工程-2	仕上塗料塗り ［0.2kg/m²］	仕上塗料塗り ［0.2kg/m²］

c．材料の品質確認および受入れ

⑴材料が搬入されたら、設計図書に適合し、承諾を得た材料であることを確認する。

⑵設計図書、施工計画書などに記載された品名、数量であることを確認する。その他、製造業者名、材料毎に製造年月日、貯蔵有効期間などを確認し、工事監理者の要求に応じて、試験成績書などを提出する。

d．ウレタン塗膜防水工法の施工法

　　仕上塗料全面塗り補修工法の施工にあたり、a．既存防水層の下地処理が完了し、適切な下地状態になっていることを確認する。各工程の施工法について解説表 4.22 に示す。

解説表 4.22　仕上塗料全面塗り補修工法の各工程の施工法

工程	施工法
(1)作業のための養生	・計量およびかくはん・混合場所は、ビニルシートなど適正な材料を用いて養生する。 ・計量およびかくはん・混合場所周辺は、作業時に材料が付着しないようにマスカー・ビニルシート・ポリエチレンフィルムなどで養生する。 ・塗布区域外への材料付着を防止するために、マスカー・ポリエチレンフィルム・養生テープなどを用いて養生する。特に風が強い場合には注意する。
(2)層間プライマーの塗布	・はけ・ローラーばけなどを使用し、むらなく塗布する。 ・季節および種類により乾燥時間が変化するので、仕上げ塗料の施工にあたり乾燥状態を確認する。 ・下地の状態により、層間プライマーの吸込みが激しい場合は、増塗りを行う。 ・溶剤型の層間プライマーを使用する場合は、火気に注意して施工を行う。 　 立上りの塗布　　　　　　平場の塗布
(3)仕上塗料の塗布	・仕上塗料の施工に先立ち、防水層の硬化状態を確認する。 ・仕上塗料の種類および施工法は、防水材製造所の指定するものとする。 ・仕上塗料を、はけ、ローラーばけ、吹付け機器などを用いて、規定量をむらなく塗布する。 ・使用量は、一般的に、0.2kg/m² 程度であり、仕上塗料の性状に応じて 2 回塗りなどにより所定量を確保する。塗重ねは乾燥時間に注意する。 ・防水層との塗重ねは、防水材製造所に指定された時間間隔で施工する。 　 立上り　　　　　　　　平場

4.3.3　防水材部分塗り重ね補修工法

a．既存防水層の下地処理

　　補修工事仕様書で指定された既存防水層の塗膜表面処理および下地処理工法により、防水材部分塗り重ね補修工法による補修工事に適した状態になるように処理する。

　　下地処理工法を以下に示す。

　　　(1)補強布張り工法（平場、立上り共通）

b．ウレタン塗膜防水工法の仕様の種別

　　補修工事仕様書で以下に示す 2 仕様から指定されたウレタン塗膜防水工法で施工する。

　　　(1)ウレタンゴム系高伸長形塗膜防水工法・密着仕様

　　　(2)ウレタンゴム系高強度形塗膜防水工法・密着仕様

c．材料の品質確認および受入れ

　　　(1)補修工事に使用する材料が所定の品質を有することを確認する。

　　　(2)搬入された材料、数量、製造業者名などを確認する。

d．ウレタン塗膜防水工法の施工法

　　以下に示す各々の工程を施工要領書に準じて施工する。

　　　(1)作業のための養生

　　　(2)層間プライマーの塗布

　　　(3)防水材の調合、かくはん、混合および希釈

　　　(4)補強布の張り付け

　　　(5)ウレタンゴム系防水材の塗布

　　　(6)仕上塗料の塗布

a．既存防水層の下地処理

　　既存ウレタン塗膜防水層表面の仕上塗料塗膜の割れ・剥がれ、塵あい、藻類・かび、白亜化、油脂類を除去するために、デッキブラシ等を用いた水洗、高圧水洗、中性洗剤または溶剤を用いた洗浄を行い、付着物が指に付かなくなる状態まで清浄にする。塗膜表面処理の施工概要および作業手順は解説表4.18に準じる。

　　既存ウレタン塗膜防水層に発生している幅2mm以上のひび割れは、補強張り工法により処理する。補強張り工法の施工概要および作業手順を解説表4.23に示す。

解説表 4.23　補強張り工法の施工概要および作業手順

適用する下地の状態	施工概要および作業手順
防水層のひび割れ 	（施工概要） 　幅2mm以上のひび割れは、幅100mm以上の補強布とJIS A6021建築用塗膜防水材の立上り用ウレタンゴム系防水材で補強布張りを行う。 　補強布は、防水材製造所の指定のものとする。 （作業手順） ①ひび割れ部周辺を清掃する ②層間プライマーを塗布する ③立上り用ウレタンゴム系防水材を、ひび割れを中心から幅100mm以上に0.3kg/㎡程度塗布する ④幅100mm以上の補強布をシワの無いように張付ける ⑤補強布の上から立上り用ウレタンゴム系防水材を0.3kg/㎡程度塗布する

b．ウレタン塗膜防水工法の仕様の種別

　　補修工事仕様書で指定されたウレタン塗膜防水工法の塗布区域は設計図書の定める範囲とする。仕様の種別、工程、使用材料および使用量について解説表4.24および4.25に示す。

解説表 4.24　ウレタンゴム系高伸長形塗膜防水工法・密着仕様

工程＼部位	平場 （勾配 1/50〜1/20）		立上り	
工程-1	層間プライマー塗り［0.1〜0.2kg/m²］		層間プライマー塗り［0.1〜0.2kg/m²］	
工程-2	補強布張付け （ウレタンゴム系 高伸長形防水材）	［3.9kg/m²］	補強布張付け （ウレタンゴム系 高伸長形防水材）	［2.6kg/m²］
工程-3	ウレタンゴム系 高伸長形防水材塗り		ウレタンゴム系 高伸長形防水材塗り	
工程-4	ウレタンゴム系 高伸長形防水材塗り		ウレタンゴム系 高伸長形防水材塗り	

工程＼保護層・仕上げ層	仕上塗料	仕上塗料
工程-1	仕上塗料塗り ［0.2kg/m²］	仕上塗料塗り ［0.2kg/m²］

［注］（1）ウレタンゴム系防水材の使用量は、硬化物比重が1.3である材料の場合を示しており、硬化物比重がこれ以外の場合にあっては、使用量を換算する。

解説表 4.25　ウレタンゴム系高強度形塗膜防水工法・密着仕様

工程＼部位	平場（勾配 1/50～1/20）	立上り
工程-1	層間プライマー塗り［0.1～0.2kg/m²］	層間プライマー塗り［0.1～0.2kg/m²］
工程-2	ウレタンゴム系高強度形防水材吹付け［3.0kg/m²］	ウレタンゴム系高強度形防水材吹付け［2.0kg/m²］

工程＼保護層・仕上げ層	仕上塗料	仕上塗料
工程-1	仕上塗料塗り［0.2kg/m²］	仕上塗料塗り［0.2kg/m²］

［注］（1）ウレタンゴム系防水材の使用量は、硬化物比重が 1.0 である材料の場合を示しており、硬化物比重がこれ以外の場合にあっては、使用量を換算する。

c．材料の品質確認および受入れ

(1)材料が搬入されたら、設計図書に適合し、承諾を得た材料であることを確認する。

(2)設計図書、施工計画書などに記載された品名、数量であることを確認する。その他、製造業者名、材料毎に製造年月日、貯蔵有効期間などを確認し、工事監理者の要求に応じて、試験成績書などを提出する。

d．ウレタン塗膜防水工法の施工法

　　防水材部分塗り重ね補修工法の施工にあたり、a．既存防水層の下地処理が完了し、適切な下地状態になっていることを確認する。各工程の施工法について解説表 4.26 に示す。

　　なお、ウレタンゴム系高強度形塗膜防水工法の場合、補強布張りは不要である。

解説表 4.26　防水材部分塗り重ね補修工法の各工程の施工法

工程	施工法
(1)作業のための養生	・計量およびかくはん・混合場所は、ビニルシートなど適正な材料を用いて養生する。 ・計量およびかくはん・混合場所周辺は、作業時に材料が付着しないようにマスカー・ビニルシート・ポリエチレンフィルムなどで養生する。 ・塗布区画の確定および塗布区域外への材料付着を防止するために、マスカー・ポリエチレンフィルム・養生テープなどを用いて四角形に見栄え良く養生する。特に風が強い場合には注意する。 ・超速硬化吹付けタイプのウレタンゴム系防水材などを吹付け施工する場合は、4.1.2 項に示す飛散防止対策を実施する。
(2)層間プライマーの塗布	・はけ・ローラーばけ、ゴムベラまたは吹付け機器などを使用し、むらなく塗布する。 ・季節および種類により乾燥時間が変化するので、ウレタンゴム系防水材の施工にあたり乾燥状態を確認する。 ・下地の状態により、層間プライマーの吸込みが激しい場合は、増塗りを行う。 ・溶剤型の層間プライマーを使用する場合は、火気に注意して施工を行う。 立上りの塗布　　　　平場の塗布

| (2)防水材の調合、かくはん、混合および希釈 | 1) ウレタンゴム系高伸長形防水材
・2成分反応硬化形の場合、主剤・硬化剤を指定された混合割合で行う。
・主剤・硬化剤の混合は、かくはん機で行う。
　かくはん機はモーターの出力が大きく回転の遅いものを使用する。回転が速いと空気を巻き込み、ピンホールの原因や仕上り面を悪化させる。
・かくはん後は、すみやかに塗布作業を行う。
・ウレタンゴム系防水材は、製品により可使時間、硬化時間、塗り重ね間隔などが異なるため、防水材製造所の指定に従って施工する。
・希釈剤は、原則として用いないことが望ましいが、低温時などウレタンゴム系防水材の粘度が高く施工が困難な場合は，防水材製造所の指定する希釈剤を用いて希釈する。ただし、希釈剤の量は防水材に対し5％以内とする。
・立上りおよび穴あきシートの目止めについては、防水材製造所の指定によりだれ止め剤として増粘剤を併用する場合もある。

　　　調合　　　　　　　　　かくはん

2) ウレタンゴム系高強度形防水材
・専用の吹付機械を使用し、防水材製造所の指定する方法により施工する。
・あらかじめ防水材製造所の推奨する吹付け機器に対応した施工指導を受ける。
・良好な塗膜を得るために施工現場における機器の整備・調整を確実に行う。
・スプレーミストの飛散による周囲の汚染を避けるため、十分な養生を行う。
・施工条件の整わない部位では手塗り工法を選択する。

専用吹付機による圧送、衝突混合かくはん・吹付け |
| (3)補強布の張付け | ・張付けは、立上り、出隅、入隅、ドレン回りおよび突出部回りから着手する。
・下地によくなじませ、耳立ち、しわなどが生じないようにウレタンゴム系防水材で張り付ける。
・重ね幅は、50 mm 程度とする。
・張付けは、プライマーの乾燥を確認した後、ローラーばけ、ゴムベラなどの工具を用い補強布を下地になじませ、ウレタンゴム系防水材を塗りながら行う。
　立上り・平場のウレタンゴム系防水材の施工に先立ち、ドレン回りおよび貫通パイプ等の突出部回りなどに補強布を用いて補強張りを行う。

ウレタンゴム系防水材　　　補強布張り　　　ウレタンゴム系防水材
　　下塗り　　　　　　　　　　　　　　　　　上塗り |

(4)防水材の塗布	1) ウレタンゴム系高伸長形防水材
	・通常は立上り、平場部の順に施工する。
	・ゴムベラ、金ごて、スクイジーなどを用い、気泡・ピンホールを生じないよう施工する。
	・同一箇所で塗継ぎを行わない。また、塗継ぎの幅は 100 mm 程度とする。
	・補強布の上に塗布する場合は、不浸透部分が生じないよう十分注意する。
	・塗重ねは、防水材製造所の指定する最長時間を超えないものとする。
	・所定の使用量を確保するには、防水材の1セットあたりの使用量を区割りして施工する。
	・1工程あたりの使用量は、ピンホールや不陸対策のため、平場では 0.4〜2.5 kg/m²、立上りでは 0.4〜1.5 kg/m² としている。
	2) ウレタンゴム系高強度形防水材
	・通常は立上り、平場部の順に施工する。
	・専用吹付機を用い、気泡・ピンホールを生じないよう施工す。
	・同一箇所で塗継ぎを行わない。また、塗継ぎの幅は 100 mm 程度とする。
	・塗重ねは、防水材製造所の指定する最長時間を超えないものとする。
	・所定の使用量を確保するには、区割りして必要なカウンター数や流量を吹付施工する。
	・超速硬化吹付けタイプ防水材については、防水材製造所の指定に従って施工する。
	 ウレタンゴム系高伸長形　ウレタンゴム系高伸長形　ウレタンゴム系高強度形 防水材　平場　　　　　　防水材　立上り　　　　　　防水材
(5)仕上塗料の塗布	・仕上塗料の施工に先立ち、防水層の硬化状態を確認する。また、防水材の使用量、出隅・入隅、ドレン回り、立上り末端などの納まり、仕上り、ピンホール、ふくれ、しわ、漏水などの有無を点検・処理する。
	・非塗装部分は、汚染防止のために養生を行う。
	・計量およびかくはん・混合する周辺は、作業時に防水材が付着することがあるので、ビニルシート・ポリエチレンフィルムなどで養生する。
	・仕上塗料の種類および施工法は、防水材製造所の指定するものとする。
	・仕上塗料を、はけ、ローラーばけ、吹付け機器などを用いて、規定量をむらなく塗布する。
	・使用量は、一般的に、0.2kg/m² 程度であり、仕上塗料の性状に応じて2回塗りなどにより所定量を確保する。塗重ねは乾燥時間に注意する。
	・防水層との塗重ねは。防水材製造所に指定された時間間隔で施工する。
	 立上り　　　　　　　　平場

4.3.4　防水材全面塗り重ね改修工法

---

a．既存防水層の下地処理

　　改修工事仕様書で指定された既存防水層の塗膜表面処理および下地処理工法により、防水材全面塗り重ね改修工法による改修工事に適した状態になるように処理する。

　　下地処理工法を以下に示す。

　　　⑴補強布張り工法（平場、立上り共通）

b．ウレタン塗膜防水工法の仕様の種別

　　改修工事仕様書で以下に示す 2 仕様から指定されたウレタン塗膜防水工法で施工する。

　　　⑴ウレタンゴム系高伸長形塗膜防水工法・密着仕様

　　　⑵ウレタンゴム系高強度形塗膜防水工法・密着仕様

c．材料の品質確認および受入れ

　　　⑴改修工事に使用する材料が所定の品質を有することを確認する。

　　　⑵搬入された材料、数量、製造業者名などを確認する。

d．ウレタン塗膜防水工法の施工法

　　以下に示す各々の工程を施工要領書に準じて施工する。

　　　⑴作業のための養生

　　　⑵層間プライマーの塗布

　　　⑶防水材の調合、かくはん、混合および希釈

　　　⑷補強布の張り付け

　　　⑸ウレタンゴム系防水材の塗布

　　　⑹仕上塗料の塗布

---

a．既存防水層の下地処理

　　既存ウレタン塗膜防水層表面の仕上塗料塗膜の割れ・剥がれ、塵あい、藻類・かび、白亜化、油脂類を除去するために、デッキブラシ等を用いた水洗、高圧水洗、中性洗剤または溶剤を用いた洗浄を行い、付着物が指に付かなくなる状態まで清浄にする。塗膜表面処理の施工概要と作業手順は解説表 4.18 に準じる。

　　既存ウレタン塗膜防水層に発生している幅 2 mm以上のひび割れは、補強張り工法により処理する。補強張り工法は解説表 4.23 に準じる。

b．ウレタン塗膜防水工法の仕様の種別

　　補修工事仕様書で指定されたウレタン塗膜防水工法の仕様の種別、工程、使用材料および使用量については解説表 4.24 および 4.25 に準じる。

c．材料の品質確認および受入れ

⑴材料が搬入されたら、設計図書に適合し、承諾を得た材料であることを確認する。

⑵設計図書、施工計画書などに記載された品名、数量であることを確認する。その他、製造業者名、材料毎に製造年月日、貯蔵有効期間などを確認し、工事監理者の要求に応じて、試験成績書などを提出する。

d．ウレタン塗膜防水工法の施工法

　　防水材全面塗り重ね改修工法の施工にあたり、a．既存防水層の下地処理が完了し、適切な下地状態になっていることを確認する。各工程の施工法について解説表 4.27 に示す。

　　なお、ウレタンゴム系高強度形塗膜防水工法の場合、補強布張りは不要である。

解説表 4.27　防水材全面塗り重ね改修工法の各工程の施工法

工程	施工法
(1)作業のための養生	・計量およびかくはん・混合場所は、ビニルシートなど適正な材料を用いて養生する。 ・計量およびかくはん・混合場所周辺は、作業時に材料が付着しないようにマスカー・ビニルシート・ポリエチレンフィルムなどで養生する。 ・塗布区域外への材料付着を防止するために、マスカー・ポリエチレンフィルム・養生テープなどを用いて養生する。特に風が強い場合には注意する。 ・超速硬化吹付けタイプのウレタンゴム系防水材などを吹付け施工する場合は、4.1.2項に示す飛散防止対策を実施する。
(2)層間プライマーの塗布	・はけ・ローラーばけ、ゴムベラまたは吹付け機器などを使用し、むらなく塗布する。 ・季節および種類により乾燥時間が変化するので、ウレタンゴム系防水材の施工にあたり乾燥状態を確認する。 ・下地の状態により、層間プライマーの吸込みが激しい場合は、増塗りを行う。 ・溶剤型の層間プライマーを使用する場合は、火気に注意して施工を行う。 立上りの塗布　　　　　　平場の塗布
(3)防水材の調合、かくはん、混合および希釈	1) ウレタンゴム系高伸長形防水材(手塗りタイプ) ・2成分反応硬化形の場合、主剤・硬化剤を指定された混合割合で行う。 ・主剤・硬化剤の混合は、かくはん機で行う。 　かくはん機はモーターの出力が大きく回転の遅いものを使用する。回転が速いと空気を巻き込み、ピンホールの原因や仕上り面を悪化させる。 ・かくはん後は、すみやかに塗布作業を行う。 ・ウレタンゴム系防水材は、製品により可使時間、硬化時間、塗り重ね間隔などが異なるため、防水材製造所の指定に従って施工する。 ・希釈剤は、原則として用いないことが望ましいが、低温時などウレタンゴム系防水材の粘度が高く施工が困難な場合は、防水材製造所の指定する希釈剤を用いて希釈する。ただし、希釈剤の量は防水材に対し5％以内とする。 ・立上りおよび穴あきシートの目止めについては、防水材製造所の指定によりだれ止め剤として増粘剤を併用する場合もある。 調合　　　　　　　かくはん 2) ウレタンゴム系高強度形防水材(超速硬化吹付けタイプ) ・専用の吹付機械を使用し、防水材製造所の指定する方法により施工する。 ・あらかじめ防水材製造所の推奨する吹付け機器に対応した施工指導を受ける。 ・良好な塗膜を得るために施工現場における機器の整備・調整を確実に行う。

	・スプレーミストの飛散による周囲の汚染を避けるため、十分な養生を行う。 ・施工条件の整わない部位では手塗り工法を選択する。  専用吹付機による圧送、衝突混合かくはん・吹付け
(4)補強布の張付け	・張付けは、立上り、出隅、入隅、ドレン回りおよび突出部回りから着手する。 ・下地によくなじませ、耳立ち、しわなどが生じないようにウレタンゴム系防水材で張り付ける。 ・重ね幅は、50 mm 程度とする。 ・張付けは、プライマーの乾燥を確認した後、ローラーばけ、ゴムベラなどの工具を用い補強布を下地になじませ，ウレタンゴム系防水材を塗りながら行う。 　立上り・平場のウレタンゴム系防水材の施工に先立ち、ドレン回りおよび貫通パイプ等の突出部回りなどに補強布を用いて補強張りを行う。    ウレタンゴム系防水材　　　　補強布張り　　　ウレタンゴム系防水材 　　下塗り　　　　　　　　　　　　　　　　　　　　上塗り
(5)防水材の塗布	1）ウレタンゴム系高伸長形防水材 ・通常は立上り、平場部の順に施工する。 ・ゴムベラ、金ごて、スクイジーなどを用い、気泡・ピンホールを生じないよう施工する。 ・同一箇所で塗継ぎを行わない。また、塗継ぎの幅は 100 mm 程度とする。 ・補強布の上に塗布する場合は、不浸透部分が生じないよう十分注意する。 ・塗重ねは，防水材製造所の指定する最長時間を超えないものとする。 ・所定の使用量を確保するには、防水材の 1 セットあたりの使用量を区割りして施工する。 ・1 工程あたりの使用量は、ピンホールや不陸対策のため、平場では 0.4〜2.5 kg/m²、立上りでは 0.4〜1.5 kg/m² としている。 2）ウレタンゴム系高強度形防水材 ・通常は立上り、平場部の順に施工する。 ・専用吹付機を用い、気泡・ピンホールを生じないよう施工する。 ・同一箇所で塗継ぎを行わない。また、塗継ぎの幅は 100 mm 程度とする。 ・塗重ねは、防水材製造所の指定する最長時間を超えないものとする。 ・所定の使用量を確保するには、区割りして必要なカウンター数や流量を吹付施工する。 ・超速硬化吹付けタイプ防水材については、防水材製造所の指定に従って施工する。    ウレタンゴム系高伸長形　　ウレタンゴム系高伸長形　　ウレタンゴム系高強度形 　防水材　平場　　　　　　　防水材　立上り　　　　　　防水材

87

| (6)仕上塗料の塗布 | ・仕上塗料の施工に先立ち、防水層の硬化状態を確認する。また、防水材の使用量、出隅・入隅、ドレン回り、立上り末端などの納まり、仕上り、ピンホール、ふくれ、しわ、漏水などの有無を点検・処理する。
・非塗装部分は、汚染防止のために養生を行う。
・計量およびかくはん・混合する周辺は、作業時に防水材が付着することがあるので、ビニルシート・ポリエチレンフィルムなどで養生する。
・仕上塗料の種類および施工法は、防水材製造所の指定するものとする。
・仕上塗料を、はけ、ローラーばけ、吹付け機器などを用いて、規定量をむらなく塗布する。
・使用量は、一般的に、0.2kg/m²程度であり、仕上塗料の性状に応じて2回塗りなどにより所定量を確保する。塗重ねは乾燥時間に注意する。
・防水層との塗重ねは、防水材製造所に指定された時間間隔で施工する。

　　　　　立上り　　　　　　　　　平場 |

4.3.5　防水材部分撤去再施工補修工法

a．既存防水層の下地処理

　　補修工事仕様書で指定された既存防水層の塗膜表面処理および下地処理工法により、防水材部分撤去再施工補修工法による補修工事に適した状態になるように処理する。

　　下地処理工法を以下に示す。

　　　⑴浮き・ふくれ補修工法（平場、立上り共通）

b．ウレタン塗膜防水工法の仕様の種別

　　補修工事仕様書で以下に示す4仕様から指定されたウレタン塗膜防水工法で施工する。

　　　⑴ウレタンゴム系高伸長形塗膜防水工法・絶縁仕様

　　　⑵ウレタンゴム系高伸長形塗膜防水工法・密着仕様

　　　⑶ウレタンゴム系高強度形塗膜防水工法・絶縁仕様

　　　⑷ウレタンゴム系高伸長形塗膜防水工法・密着仕様

c．材料の品質確認および受入れ

　　　⑴補修工事に使用する材料が所定の品質を有することを確認する。

　　　⑵搬入された材料、数量、製造業者名などを確認する。

d．ウレタン塗膜防水工法の施工法

　　以下に示す各々の工程を施工要領書に準じて施工する。

　　　⑴作業のための養生

　　　⑵接着剤またはプライマーの塗布（平場、立上り共通）

　　　⑶通気緩衝シートの張付けおよび脱気装置の設置（平場のみ）

　　　⑷防水材の調合、かくはん、混合および希釈

　　　⑸補強布の張付け（平場、立上り共通）

　　　⑹ウレタンゴム系防水材の塗布（平場、立上り共通）

　　　⑺仕上塗料の塗布（平場、立上り共通）

a．既存防水層の下地処理

　　既存ウレタン塗膜防水層表面の仕上塗料塗膜の割れ・剥がれ、塵あい、藻類・かび、白亜化、油脂類を除去するために、デッキブラシ等を用いた水洗、高圧水洗、中性洗剤または溶剤を用いた洗浄を行い、付着物が指に付かなくなる状態まで清浄にする。塗膜表面処理の施工概要と作業手順は解説表4.18に準じる。

　　既存ウレタン塗膜防水層に発生している浮き・ふくれは、浮き・ふくれ補修工法により処理する。浮き・ふくれ補修工法を解説表4.28に示す。

　　ただし、既存ウレタン塗膜防水が絶縁仕様で直径1m以上の浮き・ふくれの場合は、カッターナイフ、電動工具により浮き・ふくれを撤去して、絶縁仕様にて補修する。

　　なお、切り取る際は施工性、意匠性を考慮し、下図のような長方形に切り取る。

 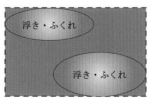　黒点線で切断せずに赤点線で切断する。

　浮き・膨れを撤去してひび割れ等の下地処理工法を必要とする状態が確認された場合は、設計者と協議とする。

　除去部に通気緩衝シートを張りやすくするために直線状にできるだけきれいに除去する。切断例を下図に示す。

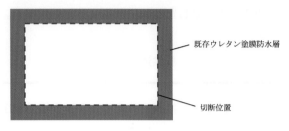

既存ウレタン塗膜防水層

切断位置

　補修部断面を下図に示す。

既存ウレタン塗膜防水層

通気緩衝シート

解説表 4.28　浮き・ふくれ補修工法

下地の状態	施工法
防水層の浮き・ふくれ  浮き 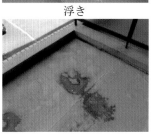 ふくれ	本補修工法は以下に適用する。 　1) 既存ウレタン塗膜防水が密着仕様の場合は、撤去して密着仕様にて補修する。 　2) 既存ウレタン塗膜防水が絶縁仕様で、直径１m未満の場合は、撤去して密着仕様にて補修する。 (施工概要) 　カッターナイフ、電動工具により浮き・ふくれを撤去して、立上り用ウレタンゴム系防水材を段差がなくなるように塗布する。 　なお、切り取る際は施工性，意匠性を考慮し、下図のような長方形に切り取る。  黒点線(楕円)で切断せずに赤点線(長方形)で切断する。 　浮き・膨れを撤去してひび割れ等の下地処理工法を必要とする状態が確認された場合は、設計者と協議とする。 　既存ウレタン塗膜防水層との取合いには幅100mm以上の補強布を挿入する。補修例を下図に示す。 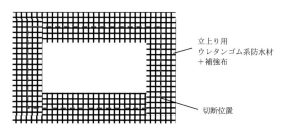 　補強布を張る際は、除去部にプライマー、既存防水層には層間プライマーを塗布する。補修部断面を下図に示す。 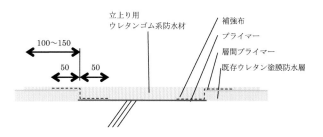 (作業手順) 　①浮き・ふくれを撤去する 　②撤去部のコンクリート下地を露出させる 　③撤去部および補修範囲を清掃する 　④撤去して露出したコンクリーまたはモルタル下地にプライマーを塗布する 　⑤撤去部から既存ウレタン塗膜防水層へ幅100〜150mmに四角く層間プライマーを塗布する 　⑥既存ウレタン塗膜防水層との取合いに幅100mm以上の補強布を挿入して。立上り用ウレタンゴム系防水材で段差がなくなるように処理する

b．ウレタン塗膜防水工法の仕様の種別

補修工事仕様書で指定されたウレタン塗膜防水工法の塗布区域は設計図書の定める範囲とする。仕様の種別、工程、使用材料および使用量については解説表 4.29 ～ 4.32 に準じる。

解説表 4.29　ウレタンゴム系高伸長形塗膜防水工法・絶縁仕様

工程　　部位	平場 (勾配 1/50～1/20)		立上り	
工程-1	通気緩衝シート張付け		プライマー塗り［0.2kg/m²］	
工程-2	ウレタンゴム系 高伸長形防水材塗り	［3.9kg/m²］	補強布張付け （ウレタンゴム系 高伸長形防水材）	［2.6kg/m²］
工程-3	ウレタンゴム系 高伸長形防水材塗り		ウレタンゴム系 高伸長形防水材塗り	
工程-4	－		ウレタンゴム系 高伸長形防水材塗り	

工程　　保護層・仕上げ層	仕上塗料	仕上塗料
工程-1	仕上塗料塗り ［0.2kg/m²］	仕上塗料塗り ［0.2kg/m²］

［注］(1) ウレタンゴム系防水材の使用量は、硬化物比重が 1.3 である材料の場合を示しており、硬化物比重がこれ以外の場合にあっては、使用量を換算する。
　　 (2) 既存ウレタン塗膜防水層に塗り重ねる部分は層間プライマーを使用する。

解説表 4.30　ウレタンゴム系高伸長形塗膜防水工法・密着仕様

工程　　部位	平場 (勾配 1/50～1/20)		立上り	
工程-1	プライマー塗り［0.2kg/m²］		プライマー塗り［0.2kg/m²］	
工程-2	補強布張付け （ウレタンゴム系 高伸長形防水材）	［3.9kg/m²］	補強布張付け （ウレタンゴム系 高伸長形防水材）	［2.6kg/m²］
工程-3	ウレタンゴム系 高伸長形防水材塗り		ウレタンゴム系 高伸長形防水材塗り	
工程-4	ウレタンゴム系 高伸長形防水材塗り		ウレタンゴム系 高伸長形防水材塗り	

工程　　保護層・仕上げ層	仕上塗料	仕上塗料
工程-1	仕上塗料塗り ［0.2kg/m²］	仕上塗料塗り ［0.2kg/m²］

［注］(1) ウレタンゴム系防水材の使用量は、硬化物比重が 1.3 である材料の場合を示しており、硬化物比重がこれ以外の場合にあっては、使用量を換算する。
　　 (2) 既存ウレタン塗膜防水層に塗り重ねる部分は層間プライマーを使用する。

解説表 4.31　ウレタンゴム系高強度形塗膜防水工法・絶縁仕様

工程 　　　　　　部位	平場　（RC・PCa・ALC 下地） （勾配 1/50〜1/20）	立上り　　（RC 下地）
工程-1	通気緩衝シート張付け	プライマー塗り［0.2kg/m²］
工程-2	ウレタンゴム系 高強度形防水材吹付け ［3.0kg/m²］	ウレタンゴム系 高強度形防水材吹付け ［2.0kg/m²］

工程 　　　　保護層・ 　　　　仕上げ層	仕上塗料	仕上塗料
工程-1	仕上塗料塗り ［0.2kg/m²］	仕上塗料塗り ［0.2kg/m²］

［注］(1) ウレタンゴム系防水材の使用量は，硬化物比重が 1.0 である材料の場合を示しており，硬化物比重がこれ以外の場合にあっては，使用量を換算する．
　　　(2) 既存ウレタン塗膜防水層に塗り重ねる部分は層間プライマーを使用する。

解説表 4.32　ウレタンゴム系高強度形塗膜防水工法・密着仕様

工程 　　　　　　部位	平場 （勾配 1/50〜1/20）	立上り
工程-1	プライマー塗り［0.2kg/m²］	プライマー塗り［0.2kg/m²］
工程-2	ウレタンゴム系 高強度形防水材吹付け ［3.0kg/m²］	ウレタンゴム系 高強度形防水材吹付け ［2.0kg/m²］

工程 　　　　保護層・ 　　　　仕上げ層	仕上塗料	仕上塗料
工程-1	仕上塗料塗り ［0.2kg/m²］	仕上塗料塗り ［0.2kg/m²］

［注］(1) ウレタンゴム系防水材の使用量は，硬化物比重が 1.0 である材料の場合を示しており，硬化物比重がこれ以外の場合にあっては，使用量を換算する．
　　　(2) 既存ウレタン塗膜防水層に塗り重ねる部分は層間プライマーを使用する。

c．材料の品質確認および受入れ

(1)材料が搬入されたら、設計図書に適合し、承諾を得た材料であることを確認する。

(2)設計図書、施工計画書などに記載された品名、数量であることを確認する。その他、製造業者名、材料毎に製造年月日、貯蔵有効期間などを確認し、工事監理者の要求に応じて、試験成績書などを提出する。

d．ウレタン塗膜防水工法の施工法

　　防水材部分撤去再施工補修工法の施工にあたり、a．既存防水層の下地処理が完了し、適切な下地状態になっていることを確認する。各工程の施工法について解説表 4.33 に示す。

　　なお、ウレタンゴム系高強度形塗膜防水工法の場合、補強布張りは不要である。

解説表 4.33　防水材部分撤去再施工補修工法の各工程の施工法

工程	施工法
(1)作業のための養生	・計量およびかくはん・混合場所は、ビニルシートなど適正な材料を用いて養生する。 ・計量およびかくはん・混合場所周辺は、作業時に材料が付着しないようにマスカー・ビニルシート・ポリエチレンフィルムなどで養生する。 ・塗布区域外への材料付着を防止するために、マスカー・ポリエチレンフィルム・養生テープなどを用いて養生する。特に風が強い場合には注意する。 ・超速硬化吹付けタイプのウレタンゴム系防水材などを吹付け施工する場合は、4.1.2項に示す飛散防止対策を実施する。
(2)接着剤, プライマーおよび層間プライマーの塗布	・撤去部にはプライマーを塗布し、既存ウレタン塗膜防水層に塗り重ねる部分は層間プライマーを使用する。下図を参照。 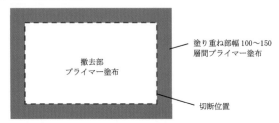 ・はけ・ローラーばけ, ゴムベラまたは吹付け機器などを使用し、むらなく塗布する。 ・季節および種類により乾燥時間が変化するので、次工程の施工にあたり乾燥状態を確認する。 ・下地の状態により、プライマーや接着剤の吸込みが激しい場合は増塗りを行う。 ・溶剤型を使用する場合は、火気に注意して施工を行う。   　　立上りの塗布　　　　　　　平場の塗布
(3)通気緩衝シートの張付けおよび脱気装置の設置 (絶縁仕様の場合に適用)	・既存ウレタン塗膜防水が絶縁仕様で直径1m以上の浮き・ふくれの場合に適用する。直径1m未満の場合は密着仕様で補修する。 ・通気緩衝シートの張付け方法は、防水材製造所の指定による。主な通気緩衝シートの種別および張付け方法を下表に示す。 <table><tr><td colspan="2">種別</td><td>張付け方法</td></tr><tr><td rowspan="2">不織布タイプ</td><td>穴なし</td><td>下地に接着剤を塗布して張り付ける</td></tr><tr><td>穴あき</td><td>下地に接着剤を塗布して張り付けた後に、立上り用または目止め用ウレタンゴム系防水材をシートの穴に充填して張り付け、アンカー効果により接着力を持たせる</td></tr><tr><td rowspan="3">複合タイプ</td><td>自着</td><td>下地にプライマーを塗布して乾燥後に張り付ける</td></tr><tr><td>接着剤</td><td>下地に接着剤を塗布して張り付ける</td></tr><tr><td>機械的固定</td><td>下地にディスクとアンカーを用いて固定する</td></tr></table> ・通気緩衝シートは撤去部の形状に合わせてカットし張り付ける。 ・一般的な通気緩衝シートの張付けは, 適切な接着剤を下地に塗布して張り付けるが、穴あきシートでは、接着剤で下地に張り付けた後に、穴の中にウレタンゴム系防水材を充填して張り付ける。自着層のある通気緩衝シートでは、プライマー塗布後にシート下面の自着層の接着力で下地に接着させる。 ・通気緩衝シートは下地からの浮き、端部の耳はね、しわなどが生じないように注意して張り付ける。 ・既存ウレタン塗膜防水層との取り合いには継ぎ目に張るテープで補強する。納まりの例を下図に示す。

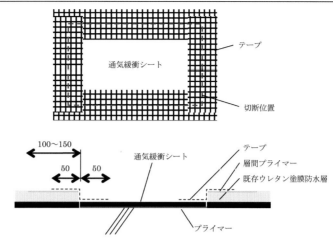

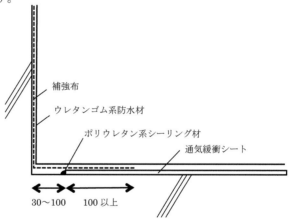

・継ぎ目は，防水材製造所の指定する方法に従って処理する。
・通気緩衝シートの継ぎ目は突付けとし，突付け部分は 50mm 以上の幅の接着剤付きポリエステル不織布あるいは織布などのテープを張り付ける。
・立上り，ドレン回りおよびパイプ回りなどでは、通気緩衝シートを用いると接着面積が不足したり、立上り端部の雨仕舞の処理が難しくなるので通気緩衝シートに替えて補強布を用いる。この場合、通気緩衝シートの端部をポリウレタン系シーリング材または立上り用ウレタンゴム系防水材で処理した上、補強布を通気緩衝シートの上に 100mm 程度張り掛けて防水材を塗布する。立上りおよび基礎の納まりの例を下図に示す。

補強布
ウレタンゴム系防水材
ポリウレタン系シーリング材
通気緩衝シート

30～100　　100 以上

立上りおよび基礎の納まりの例（単位：mm）

・脱気装置の設置方法は、防水材製造所の指定による。
・一般に 25～100 ㎡程度ごとに設置するが、屋上の構造、用途、下地の乾燥状況により増設することがある。
・取付ける位置は水上が原則であるが、現場の形状、使い方により判断する。既存保護コンクリートの目地の交点に充填したバックアップ材とポリウレタン系シーリング材を径 20mm 程度撤去した上に設置することで脱気性能が大きく向上する。
・平場に設置できない場合のために、立上りに設置するタイプのものある。

  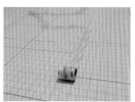

通気緩衝シート張付け　　　　　転圧　　　　　ジョイントテープ張付け

	 　　脱気装置の設置　　　　　　　防水施工完了後
(4)防水材の調合、かくはん、混合および希釈	1) ウレタンゴム系高伸長形防水材 ・2成分反応硬化形の場合、主剤・硬化剤を指定された混合割合で行う。 ・主剤・硬化剤の混合は、かくはん機で行う。 　かくはん機はモーターの出力が大きく回転の遅いものを使用する。回転が速いと空気を巻き込み、ピンホールの原因や仕上り面を悪化させる。 ・かくはん後は、すみやかに塗布作業を行う。 ・ウレタンゴム系防水材は、製品により可使時間、硬化時間、塗り重ね間隔などが異なるため、防水材製造所の指定に従って施工する。 ・希釈剤は、原則として用いないことが望ましいが、低温時などウレタンゴム系防水材の粘度が高く施工が困難な場合は，防水材製造所の指定する希釈剤を用いて希釈する。ただし、希釈剤の量は防水材に対し5％以内とする。 ・立上りおよび穴あきシートの目止めについては、防水材製造所の指定によりだれ止め剤として増粘剤を併用する場合もある。 　　　　　調合　　　　　　　　　　　かくはん 2) ウレタンゴム系高強度形防水材 ・専用の吹付機械を使用し、防水材製造所の指定する方法により施工する。 ・あらかじめ防水材製造所の推奨する吹付け機器に対応した施工指導を受ける。 ・良好な塗膜を得るために施工現場における機器の整備・調整を確実に行う。 ・スプレーミストの飛散による周囲の汚染を避けるため、十分な養生を行う。 ・施工条件の整わない部位では手塗り工法を選択する。  専用吹付機による圧送、衝突混合かくはん・吹付け
(5)補強布の張付け	・張付けは、立上り、出隅、入隅、ドレン回りおよび突出部回りから着手する。 ・下地によくなじませ、耳立ち、しわなどが生じないようにウレタンゴム系防水材で張り付ける。 ・重ね幅は、50 mm 程度とする。 ・張付けは、プライマーの乾燥を確認した後、ローラーばけ、ゴムベラなどの工具を用い補強布を下地になじませ、ウレタンゴム系防水材を塗りながら行う。 ・立上り・平場のウレタンゴム系防水材の施工に先立ち、ドレン回りおよび貫通パイプ等の突出部回りなどに補強布を用いて補強張りを行う。

ウレタンゴム系防水材 下塗り	補強布張り	ウレタンゴム系防水材 上塗り

| (6)防水材の塗布 | 1) ウレタンゴム系高伸長形防水材
・通常は立上り、平場部の順に施工する。
・ゴムベラ、金ごて、スクイジーなどを用い、気泡・ピンホールを生じないよう施工する。
・同一箇所で塗継ぎを行わない。また、塗継ぎの幅は 100 mm 程度とする。
・補強布の上に塗布する場合は、不浸透部分が生じないよう十分注意する。
・塗重ねは，防水材製造所の指定する最長時間を超えないものとする。
・所定の使用量を確保するには、防水材の 1 セットあたりの使用量を区割りして施工する。
・1 工程あたりの使用量は、ピンホールや不陸対策のため、平場では 0.4〜2.5 kg/m²,立上りでは 0.4〜1.5 kg/m² としている。

2) ウレタンゴム系高強度形防水材
・通常は立上り、平場部の順に施工する。
・専用吹付機を用い、気泡・ピンホールを生じないよう施工する。
・同一箇所で塗継ぎを行わない。また、塗継ぎの幅は 100 mm 程度とする。
・塗重ねは、防水材製造所の指定する最長時間を超えないものとする。
・所定の使用量を確保するには、区割りして必要なカウンター数や流量を吹付施工する。
・超速硬化吹付けタイプ防水材については、防水材製造所の指定に従って施工する。 |

ウレタンゴム系高伸長形 防水材　平場	ウレタンゴム系高伸長形 防水材　立上り	ウレタンゴム系高強度形 防水材

| (7)仕上塗料の塗布 | ・仕上塗料の施工に先立ち、防水層の硬化状態を確認する。また、防水材の使用量、出隅・入隅、ドレン回り、立上り末端などの納まり、仕上り、ピンホール、ふくれ、しわ、漏水などの有無を点検・処理する。
・非塗装部分は、汚染防止のために養生を行う。
・計量およびかくはん・混合する周辺は，作業時に防水材が付着することがあるので、ビニルシート・ポリエチレンフィルムなどで養生する。
・仕上塗料の種類および施工法は、防水材製造所の指定するものとする.
・仕上塗料を、はけ、ローラーばけ、吹付け機器などを用いて，規定量をむらなく塗布する。
・使用量は、一般的に、0.2kg/m² 程度であり、仕上塗料の性状に応じて 2 回塗りなどにより所定量を確保する。塗重ねは乾燥時間に注意する。
・防水層との塗重ねは、防水材製造所に指定された時間間隔で施工する。 |

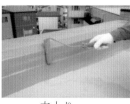

立上り	平場

4.3.6 防水材全面撤去再施工改修工法

　本工法は平場のみに適用する。

a．既存防水層の下地処理

　改修工事仕様書で指定された既存防水層の下地処理工法により、防水材全面撤去再施工改修工法による改修工事に適した状態になるように処理する。

　下地処理工法を以下に示す。

　　(1)下地調整工法

　　(2)シール工法

　　(3)補強布張り工法

　　(4)充填工法

b．ウレタン塗膜防水工法の仕様の種別

　改修工事仕様書で以下に示す4仕様から指定されたウレタン塗膜防水工法で施工する。

　　(1)ウレタンゴム系高伸長形塗膜防水工法・絶縁仕様（L-USS）

　　(2)ウレタンゴム系高伸長形塗膜防水工法・密着仕様（L-UFS）

　　(3)ウレタンゴム系高強度形塗膜防水工法・絶縁仕様（L-USH）

　　(4)ウレタンゴム系高強度形塗膜防水工法・密着仕様（L-UFH）

c．材料の品質確認および受入れ

　　(1)改修工事に使用する材料が所定の品質を有することを確認する。

　　(2)搬入された材料、数量、製造業者名などを確認する。

d．ウレタン塗膜防水工法の施工法

　以下に示す各々の工程を施工要領書に準じて施工する。

　　(1)作業のための養生

　　(2)接着剤またはプライマーの塗布

　　(3)通気緩衝シートの張付けおよび脱気装置の設置

　　(4)防水材の調合、かくはん、混合および希釈

　　(5)補強布の張付

　　(6)ウレタンゴム系防水材の塗布

　　(7)仕上塗料の塗布

---

a．既存防水層の下地処理

　撤去作業は、広い面積を撤去する場合は、床面剥離機・床面研磨機を用いる。小面積を撤去する場合は、チゼル・サンダー等の機械、ケレン棒・スクレーパー等の工具を用いる。薄膜や前述の工具で撤去しきれなかった部分については、剥離剤等を用いて撤去する。撤去作業に使用する機械の例を解説写真4.5 に示す。

　作業者が粉塵および剥離剤等に直接触れることがないように、ゴーグル型保護メガネおよびゴム手袋を必ず着用する。

　露出したコンクリート表面に脆弱部、段差、ひび割れ、欠損が発生している場合は、下地調整工法、シール工法、補強布張り工法、充填工法の施工概要および作業手順は解説表4.5 ～ 4.8 に準じる。

床面はく離機 床面研磨機

解説写真 4.5　ウレタンゴム系塗膜防水層撤去作業に使用する機械の例

b．ウレタン塗膜防水工法の仕様の種別

　　改修工事仕様書で指定されたウレタン塗膜防水工法の仕様の種別、工程、使用材料および使用量について解説表 4.34 ～ 4.37 に示す。

解説表 4.34　ウレタンゴム系高伸長形塗膜防水工法・絶縁仕様

工程 ＼ 部位	平場 （勾配 1/50～1/20）	
工程-1	通気緩衝シート張付け	
工程-2	ウレタンゴム系 高伸長形防水材塗り	［3.9kg/m²］
工程-3	ウレタンゴム系 高伸長形防水材塗り	
工程-4	―	

工程 ＼ 保護層・仕上げ層	仕上塗料
工程-1	仕上塗料塗り ［0.2kg/m²］

［注］ウレタンゴム系防水材の使用量は、硬化物比重が 1.3 である材料の場合を示しており、硬化物比重がこれ以外の場合にあっては、使用量を換算する。

解説表 4.35　ウレタンゴム系高伸長形塗膜防水工法・密着仕様

工程＼部位	平場 （勾配 1/50〜1/20）	
工程-1	プライマー塗り［0.2kg/m²］	
工程-2	補強布張付け （ウレタンゴム系 高伸長形防水材）	［3.9kg/m²］
工程-3	ウレタンゴム系 高伸長形防水材塗り	
工程-4	ウレタンゴム系 高伸長形防水材塗り	

工程＼保護層・仕上げ層	仕上塗料
工程-1	仕上塗料塗り ［0.2kg/m²］

［注］ウレタンゴム系防水材の使用量は、硬化物比重が 1.3 である材料の場合を示しており、硬化物比重がこれ以外の場合にあっては、使用量を換算する。

解説表 4.36　ウレタンゴム系高強度形塗膜防水工法・絶縁仕様

工程＼部位	平場　　（RC・PCa・ALC 下地） （勾配 1/50〜1/20）
工程-1	通気緩衝シート張付け
工程-2	ウレタンゴム系 高強度形防水材吹付け ［3.0kg/m²］

工程＼保護層・仕上げ層	仕上塗料
工程-1	仕上塗料塗り ［0.2kg/m²］

［注］(1)ウレタンゴム系防水材の使用量は、硬化物比重が 1.0 である材料の場合を示しており、硬化物比重がこれ以外の場合にあっては、使用量を換算する。

解説表 4.37　ウレタンゴム系高強度形塗膜防水工法・密着仕様

工程＼部位	平場 （勾配 1/50〜1/20）
工程-1	プライマー塗り［0.2kg/m²］
工程-2	ウレタンゴム系 高強度形防水材吹付け ［3.0kg/m²］

工程＼保護層・仕上げ層	仕上塗料
工程-1	仕上塗料塗り ［0.2kg/m²］

［注］(1)ウレタンゴム系防水材の使用量は、硬化物比重が 1.0 である材料の場合を示しており、硬化物比重がこれ以外の場合にあっては、使用量を換算する。

c．材料の品質確認および受入れ

　(1)材料が搬入されたら、設計図書に適合し、承諾を得た材料であることを確認する。

⑵設計図書、施工計画書などに記載された品名、数量であることを確認する。その他、製造業者名、材料毎に製造年月日、貯蔵有効期間などを確認し、工事監理者の要求に応じて、試験成績書などを提出する。

d．ウレタン塗膜防水工法の施工法

　　防水材全面撤去再施工改修工法の施工にあたり、a.既存防水層の下地処理が完了し、適切な下地状態になっていることを確認する。各工程の施工法については解説表4.16に準じる。

　　なお、ウレタンゴム系高強度形塗膜防水工法の場合、補強布張りは不要である。

4.4　ルーフドレンの処理

　補修・改修工事仕様書で以下に示す2方法から指定された処理を実施する。

　なお、既存ドレンの撤去は本指針では取り扱わない。

a．既存ドレンの継続使用

　　⑴既存防水層に保護層がある場合

　　　1）縦引き用ドレン

　　　2）横引き用ドレン

　　⑵既存防水層に保護層がない場合

　　　1）縦引き用ドレン

　　　2）横引き用ドレン

b．改修用ドレンの使用

　　⑴既存防水層に保護層がある場合

　　　1）縦引き用ドレン

　　　2）横引き用ドレン

　　⑵既存防水層に保護層がない場合

　　　1）縦引き用ドレン

　　　2）横引き用ドレン

a．既存ドレンの継続使用

(1)既存防水層に保護層がある場合

　1）縦引き用ドレンの場合

　　　縦引き用ドレンの処理方法を以下に示す。なお、ウレタンゴム系高伸長形塗膜防水工法・絶縁仕様の納まりの例を解説図4.17に示す。

　　　①ドレン周りをはつり、ドレンのつばの防水層を撤去する。

　　　②はつった部位はポリマーセメントモルタルにて成形する。

　　　③通気緩衝シートを張り付ける場合はドレンのつばの手前で止める。

　　　④既存ドレンには防水材製造所が指定するプライマーを塗布する。

　　　⑤ウレタンゴム系高伸長形塗膜防水工法では、ドレンのつばに補強布を50〜100mm程度張り掛ける。ウレタンゴム系高強度塗膜防水工法では、補強布を用いない。

　　　⑥保護コンクリート下の残留水分が多い場合は排水パイプを設けて排水する。

⑦ドレンと防水下地との取り合いはシーリング材で処理する。

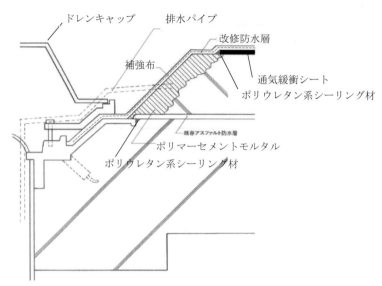

解説図 4.17　縦引き用ドレンのウレタンゴム系高伸長形塗膜防水工法・絶縁仕様の納まりの例

2）横引きドレンの場合

　　横引き用ドレンの処理方法を以下に示す。なお、ウレタンゴム系高伸長形塗膜防水工法・絶縁仕様の納まりの例を解説図 4.18 に示す。

　　①ドレン周りをはつり、ドレンのつばの防水層を撤去する。

　　②はつった部位はポリマーセメントモルタルにて成形する。

　　③通気緩衝シートはドレンのつばの手前で止める。

　　④既存ドレンには防水材製造所が指定するプライマーを塗布する。

　　⑤ウレタンゴム系高伸長形塗膜防水工法では、ドレンに補強布を 50 ～ 100㎜ 程度張り掛ける。

　　　ウレタンゴム系高強度塗膜防水工法では、補強布を用いない。

　　⑥保護コンクリート下の残留水分が多い場合は排水パイプを設けて排水する。

　　⑦ドレンと防水下地との取り合いはシーリング材で処理する。

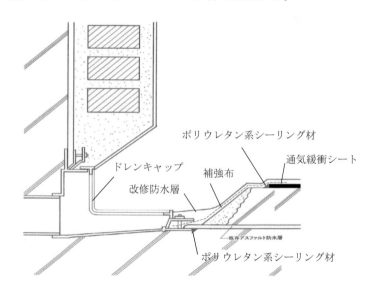

解説図 4.18　横引き用ドレンのウレタンゴム系高伸長形塗膜防水工法・絶縁仕様の納まりの例

(2)既存防水層に保護層がない場合の処理方法を以下に示す。

　1）縦引き用ドレンの場合

　　　縦引き用ドレンの処理方法を以下に示す。なお、ウレタンゴム系高伸長形塗膜防水工法・絶縁仕様の納まりの例を解説図4.19に示す。

　　　①通気緩衝シートはドレンのつばの手前で止める。

　　　②既存ドレンには防水材製造所が指定するプライマーを塗布する。

　　　③ウレタンゴム系高伸長形塗膜防水工法では、ドレンに補強布を50〜100mm程度張り掛ける。

　　　　ウレタンゴム系高強度塗膜防水工法では、補強布を用いない。

　　　④ドレンと防水下地との取り合いはシーリング材で処理する。

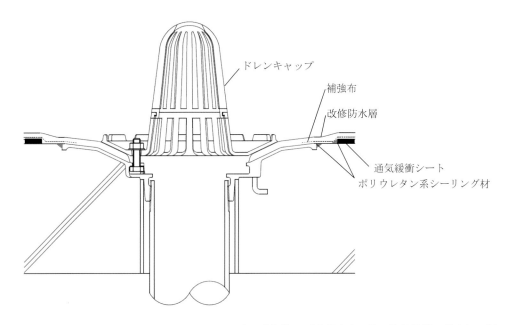

ドレンキャップ
補強布
改修防水層
通気緩衝シート
ポリウレタン系シーリング材

解説図 4.19　縦引き用ドレンのウレタンゴム系高伸長形塗膜防水工法・絶縁仕様の納まりの例

　2）横引き用ドレンの場合

　　　横引き用ドレンの処理方法を以下に示す。なお、ウレタンゴム系高伸長形塗膜防水工法・絶縁仕様の納まりの例を解説図4.20に示す。

　　　①通気緩衝シートはドレンのつばの手前で止める。

　　　②既存ドレンには防水材製造所が指定するプライマーを塗布する。

　　　③ウレタンゴム系高伸長形塗膜防水工法では、ドレンに補強布を50〜100mm程度張り掛ける。

　　　　ウレタンゴム系高強度塗膜防水工法では、補強布を用いない

　　　④ドレンと防水下地との取り合いはシーリング材で処理する。

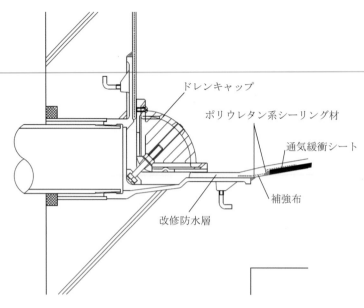

解説図 4.20　横引き用ドレンのウレタンゴム系高伸長形塗膜防水工法・絶縁仕様の納まりの例

ｂ．改修用ドレンの使用

　　改修用ドレンの設置方法は、防水材製造所の指定に従う。設置方法の例を解説図 4.21 に示す。

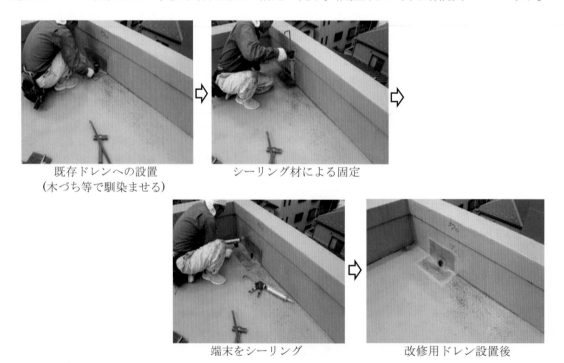

解説図 4.21　改修用ドレンの設置方法の例（横引き用）

　(1)既存防水層に保護層がある場合の処理方法を以下に示す。

　１）縦引き用ドレンの場合

　　　縦引き用ドレンの処理方法を以下に示す。なお、ウレタンゴム系高伸長形塗膜防水工法・絶縁仕
　　様の納まりの例を解説図 4.22 に示す。

　　　①通気緩衝シートは改修用ドレンのつばの手前で止める。

②改修用ドレンには防水材製造所が指定するプライマーを塗布する。

③ウレタンゴム系高伸長形塗膜防水工法では、改修用ドレンに補強布を 50 ～ 100㎜程度張り掛ける。ウレタンゴム系高強度塗膜防水工法では、補強布を用いない。

④改修用ドレンと防水下地との取り合いはシーリング材で処理する。

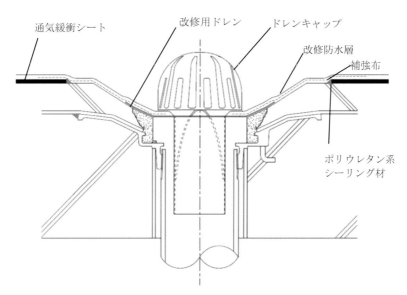

解説図 4.22　縦引き用ドレンのウレタンゴム系高伸長形塗膜防水工法・絶縁仕様の納まりの例

2）横引き用ドレンの場合

　縦引き用ドレンの処理方法を以下に示す。なお、ウレタンゴム系高伸長形塗膜防水工法・絶縁仕様の納まりの例を解説図 4.23 に示す。

①通気緩衝シートは改修用ドレンのつばの手前で止める。

②改修用ドレンには防水材製造所が指定するプライマーを塗布する。

③ウレタンゴム系高伸長形塗膜防水工法では、改修用ドレンに補強布を 50 ～ 100㎜程度張り掛ける。ウレタンゴム系高強度塗膜防水工法では、補強布を用いない。

④改修用ドレンと防水下地との取り合いはシーリング材で処理する。

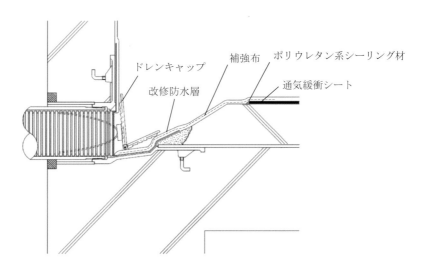

解説図 4.23　横引き用ドレンのウレタンゴム系高伸長形塗膜防水工法・絶縁仕様の納まりの例

⑵既存防水層に保護層がない場合

この場合、一般的に改修用ドレンを用いない為、本指針では取り扱わない。

4.5 品質管理・検査

a．補修・改修工事中に行う品質検査は下記による。
　⑴既存部を撤去した場合は、撤去後の状態が次の工程に支障がないことを確認する。
　⑵補修・改修防水層のための下地処理を行った場合は、防水層の下地として支障がない状態に仕上がっていることを確認する。
　⑶補修・改修防水層を施工後、防水層が所定の状態に仕上がっていることを確認する。
b．検査
　⑴施工者は、工事完成後に自主検査を行ったうえで、工事監理者の立会いによる完成検査を受ける。
　⑵完成検査の結果が不合格の場合の措置は、工事監理者の指示による。

a．補修・改修防水層に期待される機能は、施工段階の品質に左右される。そのため、防水補修・改修工事の施工の各段階における適切な時期に、適切な作業が行われていることを確認する。

b．完成検査は、工事が設計図書に適合して完成されていることを工事監理者が確認するものである。施工者は、工事の各段階で施工状況、材料の試験結果等を確認して品質管理記録を作成し、工事監理者の検査を受ける。

工事完成後においてもこれと同様に、施工者は、それに先立ち自主的に確認を行った後、工事監理者に申し出て工事監理者の立会いによる完成検査を受ける。

完成検査では設計図書との適合、外観および仕上がり状態などについて確認することが必要であるが、それらの具体的な方法や必要な資機材および労務等の提供については工事監理者との協議によって定める。

完成検査の結果が不合格の場合は、適切な措置を講ずることが必要になる。

施工者は、工事監理者の指示に従い、できるだけ速やかに手直しし、再び工事監理者の検査を受ける。

品質管理・検査用チェックリストの例を解説表4.38および4.39に示す。

解説表 4.38　既存保護層付きアスファルト防水層に対する補修・改修施工における品質管理・検査用チェックリストの例

現　場　名		工期	年　　月　　日　〜　　年　　月　　日		
会　社　名			現場管理者名		
特記事項					

工程管理項目			チェック要点	チェックの方法		要点を外れた場合	最終クリアー日
				いつ	方　法	処理方法	
材料確認		使用材料	納入数量、品質保証期間	／	書類確認		／
下地処理工法	平場	(1)下地調整工法	表面状態、付着物、仕上り	／	測定、目視、触診		／
		(2)シール工法	シール幅、硬化状態、仕上り	／	測定、触診、目視		／
		(3)補強張り工法	補強幅、硬化状態、仕上り	／	測定、触診、目視		／
		(4)充填工法	硬化状態、仕上り	／	触診、目視		／
		(7)目地充填工法	硬化状態、仕上り	／	触診、目視		／
	立上り	(1)下地調整工法	硬化状態、仕上り	／	触診、目視		／
		(2)シール工法	シール幅、硬化状態、仕上り	／	測定、触診、目視		／
		(3)補強張り工法	補強幅、硬化状態、仕上り	／	測定、触診、目視		／
		(4)充填工法	硬化状態、仕上り	／	触診、目視		／
		(5)アンカーピンニング部分エポキシ注入工法	浮き状態	／	打診		／
		(6)モルタル塗替え工法	硬化状態、仕上り	／	触診、目視		／
防水工事	平場	(1)作業のための養生	養生範囲、養生状態	／	目視		／
		(2)プライマーの塗布	使用量、乾燥状態、仕上り	／	計算、触診、目視		／
		(3)補強布の張付け	使用量、硬化状態、仕上り	／	計算、触診、目視		／
		(4)通気緩衝シートの張付けおよび脱気装置の設置	仕上り	／	目視		／
		(5)ウレタンゴム系防水材の塗布	使用量、硬化状態、仕上り	／	計算、触診、目視		／
		(6)仕上塗料の塗布	使用量、硬化状態、仕上り	／	計算、触診、目視		／
	立上り	(1)作業のための養生	養生範囲、養生状態	／	目視		／
		(2)プライマーの塗布	使用量、乾燥状態、仕上り	／	計算、触診、目視		／
		(3)補強布の張付け	使用量、硬化状態、仕上り	／	計算、触診、目視		／
		(4)ウレタンゴム系防水材の塗布	使用量、硬化状態、仕上り	／	計算、触診、目視		／
		(5)仕上塗料の塗布	使用量、硬化状態、仕上り	／	計算、触診、目視		／
	各部位の納まり		仕様書との合致	／	目視		／
	全体の仕上り		仕上り	／	目視		／
片付	周囲の清掃		現場状況	／	目視		／
	産廃処理		現場状況	／	目視		／

解説表 4.39 既存ウレタン塗膜防水層に対する補修・改修施工における品質管理・検査用チェックリストの例

現 場 名			工期	年　月　日　〜　年　月　日			
会 社 名				現場管理者名			
特記事項							

工程管理項目			チェック要点	チェックの方法		要点を外れた場合処理方法	最終クリアー日
				いつ	方　法		
材料確認	(1)使用材料		納入数量、品質保証期間	/	書類確認		/
下地処理工法	平・立共通	(1)清掃処理方法	表面状態、付着物、仕上り	/	触診、目視		/
		(2)補強張り工法	補強幅、硬化状態、仕上り	/	測定、触診、目視		/
		(3)浮き・ふくれ補修工法	硬化状態、仕上り	/	触診、目視		/
		(4)下地調整工法（既存防水撤去の場合）	表面状態、付着物、仕上り	/	測定、目視、触診		/
		(5)シール工法（既存防水撤去の場合）	シール幅、硬化状態、仕上り	/	測定、目視、触診		/
		(6)補強張り工法（既存防水撤去の場合）	補強幅、硬化状態、仕上り	/	測定、目視、触診		/
防水工事	平場	(1)作業のための養生	養生範囲、養生状態	/	目視		/
		(2)層間プライマーの塗布	使用量、乾燥状態、仕上り		計算、触診、目視		/
		(2)'プライマーの塗布（既存防水撤去の場合）	使用量、乾燥状態、仕上り		計算、触診、目視		/
		(3)補強布の張付け	使用量、硬化状態、仕上り	/	計算、触診、目視		/
		(3)'通気緩衝シートの張付けおよび脱気装置の設置（既存防水撤去の場合）	仕上り	/	目視		/
		(4)ウレタンゴム系防水材の塗布	使用量、硬化状態、仕上り	/	計算、触診、目視		/
		(5)仕上塗料の塗布	使用量、硬化状態、仕上り	/	計算、触診、目視		/
	立上り	(1)作業のための養生	養生範囲、養生状態	/	目視		/
		(2)層間プライマーの塗布	使用量、乾燥状態、仕上り		計算、触診、目視		/
		(2)'プライマーの塗布（既存防水撤去の場合）	使用量、乾燥状態、仕上り		計算、触診、目視		
		(3)補強布の張付け	使用量、硬化状態、仕上り	/	計算、触診、目視		/
		(4)ウレタンゴム系防水材の塗布	使用量、硬化状態、仕上り	/	計算、触診、目視		/
		(5)仕上塗料の塗布	使用量、硬化状態、仕上り	/	計算、触診、目視		/
	各部位の納まり		仕様書との合致	/	目視		/
	全体の仕上り		仕上り	/	目視		/
片付	周囲の清掃		現場状況	/	目視		/
	産廃処理		現場状況	/	目視		/

5．補修・改修工事後のウレタン塗膜防水層の点検

5.1　適用範囲

本章は補修・改修工事後のウレタン塗膜防水層の点検に適用する。

本指針にしたがって補修・改修工事がなされたウレタン塗膜防水層は、補修・改修工事後に見直された保全計画にしたがって、保全する必要がある。ウレタン塗膜防水層は、他の防水層と同様に、時間の経過とともに劣化する。したがって、保全を怠たり劣化を放置するとウレタン塗膜防水層の機能および性能の低下を早めることになる。

すなわち、ウレタン塗膜防水層の保持すべき機能および性能の水準を確保するために、保全行為が適切に行われる必要があり、そのために保全計画を作成することが必要となる。なお、ウレタン塗膜防水層の保全計画は、点検（保守を含む）、調査・診断、補修・改修の設計・工事を含むが、本章では補修・改修工事後のウレタン塗膜防水層の点検を対象としている。

5.2　点検の種類

点検の種類は、日常点検、定期点検および臨時点検とし、その内容等は、それぞれ 5.3、5.4 および 5.5 による。

点検は建築物全体に対して実施される場合が一般的であり、本指針ではウレタン塗膜防水層に対する点検が建築物全体に対する点検の一部として実施されることを前提としている。点検は、内容や頻度により、日常点検、定期点検および臨時点検に分類される。点検の種類と目的を解説表 5.1 に示す。なお、それぞれの点検に関する詳細は、5.3 〜 5.5 に示す。

解説表 5.1　点検の種類と目的

点検の種類	点検の目的
日常点検	建築物の状態を日常的に把握するとともに、必要に応じて適切な措置を施す
定期点検	建築物の状態を定期的に把握するとともに、必要に応じて適切な措置を施す
臨時点検	依頼に応じて、外壁のはく落、著しい漏水などが発生した場合、または地震、台風、火災等の発生後に、それらの建築物への影響を把握する

本指針における日常点検および定期点検に関する規定は、日常点検と定期点検の組合せで適用したり、あるいは定期点検のみを適用したり、適宜、選択できるものとする。ただし、定期点検のみを適用する場合は、日常点検で行う項目などの漏れがないように留意する必要がある。

点検によって変状が確認された場合は、緊急性のある変状か否かの判定を点検者が行い、緊急性のある

変状であると「判定」された場合は、所有者は応急措置を施すとともに、点検者は、調査・診断の要否を「判定」しなければならない。

　次に、点検者の調査・診断の要否の「判定」を参考に、所有者は、調査・診断の実施の要否を「判断」し、調査・診断の実施が必要と「判断」された場合は、調査・診断を行う。

　一方、点検者により調査・診断が不要と「判定」された場合や、点検者により調査・診断が必要と「判定」されても、所有者が調査・診断の実施は不要と「判断」した場合は、所有者は、必要に応じた保全計画の見直しを行った上で、点検を継続する。その場合、点検者によって確認された変状に関して注意深い経過観察を推奨される場合がある。そのような場合は、点検内容を見直しする必要がある。

5.3　日常点検
5.3.1　目的

> 　日常点検は、ウレタン塗膜防水層の状態を日常的に把握するとともに、必要に応じて適切な措置を施すことを目的とする。

　日常点検は、ウレタン塗膜防水層の状態を日常的に把握するだけではなく、軽微な作業（保守）の実施、あるいは、漏水事故につながる変状を早期発見する等の意義がある。すなわち、日常点検とは、日常の巡回等の業務の中でウレタン塗膜防水層の状態の点検（気付き箇所の記録等）を行い、必要に応じて適切な措置、すなわち保守や応急措置を施すことをいう。

　例えば、日常点検において、普段見られないような防水層のふくれ、ひび割れ等が発見される場合もあり、その事象を基に調査や臨時点検が行われることもある。また、暴風や地震の後には、定期点検や臨時点検で対象としない範囲において、ウレタン塗膜防水層の変状が生じる場合などもあるため、日常点検は、必要不可欠な基本となる点検といえる。

　また、ウレタン塗膜防水層に対しては、一般的に以下のような「禁止事項」、「対策必須事項」、「注意事項」が建築物の所有者および利用者に対して周知されている筈であり、これらの事項が守られているかについても注意が必要である。

「禁止事項」
- スパイクシューズ等の鋭利な履物での歩行
- タバコや花火等火気の使用禁止
- 溶剤、ガソリン、不凍液等溶解力のある溶剤の使用禁止
- ゴルフの練習等の防水層を破損する可能性のある行為

「対策必須事項」
- 重量物を引きずる、鉄パイプ等の過度の鋭利な物を落とす可能性のある行為
- カッターナイフやハサミ等鋭利なもので作業する場合
- パイプ状のテーブルやイスを置く場合
- 角のある重量物を置く場合

「注意事項」
- 表面が濡れていると滑りやすい為、歩行に注意する。
- クーリングタワー等に使用している薬剤の仕様については防水層を傷めないものを使用するか、保護

対策を講じる。

・防水層を清掃する際は中性洗剤を使用する。使用する工具はモップ等防水層を傷つけないものを使用する。

5.3.2　日常点検の方法

> ⑴日常点検の方法は、目視を基本とし、ウレタン塗膜防水層の状態を把握する。
>
> ⑵点検者は、建築物の所有者、管理者またはそれらから依頼を受けた者であって、点検に関する知識を有する者とする。
>
> ⑶日常点検の頻度および範囲は特記による。
>
> ⑷日常点検の結果は、記録する。

⑴日常点検の方法は、建築物を巡回し、仮設足場（脚立、組立足場、高所作業車、ゴンドラなど）を用いずに、外観の目視による点検を基本とするが、手の届く範囲の触診なども含む。目視により、変状が確認されたものについては、カメラ等を用いて記録を行う。また、変状が確認される前の状態と比較が容易となるよう、変状が確認できた箇所と同様の変状が生じる可能性がある箇所の記録を残しておくことも有効である。なお、調査・診断の結果、経過観察を行うこととなった場合、経過観察は日常点検の中で行う。日常点検の対象とするウレタン塗膜防水層の変状等は、①防水層のふくれ・浮き・剥離、②漏水・漏水跡、③汚れ、④ドレンつまり・はずれ、④防水層のひび割れ等とする。

⑵日常点検者は、建築物の所有者、管理者またはそれらから依頼を受けた者などのケースがあるが、建築物の所有形態や管理状況などによっても異なる。日常点検は、専門的知識を有する技術者が実施することが望ましいが、一般的には、日常的に専門技術者を配置することが難しい。そのため、建築物の変状の確認ができ、日常点検のための教育を受けた者であれば行えるものとする。専門的知識を有する技術者については、定期点検において解説する。

⑶日常点検の頻度および範囲は、建築物の種類および点検に関する契約形態によって異なるため、契約に基づき特記により設定することとする。点検者は、建築物に常駐する場合、通勤する場合、巡回する場合などがあり、さらに建築物の用途・規模および建築物の管理体制等によっては、一定の頻度やその範囲を定めることが難しい場合もあるため、建築物や点検の対象物ごとにその頻度や範囲を変えて定めることもできる。

　例えば、小規模な建築物では、ある曜日を点検日と決めて行う方法等もあるが、大規模な建築物では、毎日の点検時間や点検範囲を定めて、1週間程度で建築物全体を点検できるようにする等の工夫が必要である。

⑷点検の記録は、必ず残すこととする。記録媒体は、記録用紙でも、電子媒体（表計算ソフト・文書ソフト・写真記録等）でも構わない。ただし、記録日時・記録部位・記録者・変状のある場合は変状の程度等について、後から参照できるように整備しておく。

5.3.3　保守

> 　点検者は、日常点検において、確認された変状のうち、軽微な作業により対処できるものについて措置し、その内容を記録し、依頼者に報告する。

　保守の目的は、対象とする建築物の初期の性能および機能を維持することである。ここでは、点検者が日常点検の巡回時などに自ら措置できるものを保守の対象とする。保守の内容は、ドレンつまりの解消など点検者の安全が確保できる範囲で行える程度の作業範囲とする。

　なお、日常点検の契約において、点検者が自ら措置することができるドレンの詰まりや軽微なボルトの緩みなどを保守の範囲とする場合は、契約においてこれらを実施する旨の取決めをしておく必要がある。また、保守を実施した場合は、点検者は保守の内容を記録し、依頼者に報告しなければならない。

5.3.4　応急措置

> 点検者は、漏水がある場合は、応急措置を講じるとともに、速やかに、その内容を依頼者に報告する。

　応急措置は、漏水がある場合に行うもので、保守では対応しきれないことが多い。例えば、漏水発生箇所を発見した場合は、シートや簡易な止水材料による応急的な止水措置を講じるとともにその内容を点検依頼者や建物所有者に速やかに報告する。

5.3.5　報告

> ⑴点検者は、日常点検の結果を、保守の内容を含め、依頼者に定期的に報告する。
> ⑵点検者は、応急措置を行った場合は、その都度その内容を依頼者に報告する。

⑴日常点検の報告は、特に異常が見当たらない場合は、日報や週報などに日常点検の結果を記載する項目欄を設け、「異常なし」（あるいは「変化なし」等）とすることでも足りる。点検者は、日常点検および保守や応急措置の記録を、その契約の内容に応じて、依頼者に報告する。なお、所有者自ら点検を行った場合には、報告に替えて、記録を残すことになる。

　ただし、建築物に変状が確認された場合は、依頼者へ速やかに報告する。報告には、後から参照できるように、記録日時・記録部位・記録者・変状のある場合は変状の程度等を記載するのがよい。また、記録媒体は、日報や週報などの記録用紙でも、電子媒体（表計算ソフト・文書ソフト・写真記録等）でも構わないが、容易に参照できるようにしておく。特に、第三者へ被害を及ぼす可能性のある事項は必ず報告する。

　また、日常点検で省略した範囲（省略した理由も記載）については、次回以降の対処を示しておくとよい。

⑵応急措置の記録は、前項の日常点検報告等を活用し、措置状況の写真とその内容を記録する。また、特に建築物に著しい変状が確認された場合には、その旨を依頼者に報告する。報告は、日常点検の記録とともに、調査・診断を実施する場合の重要な資料となる。

5.4　定期点検
5.4.1　目的

> 定期点検は、建築物の状態を定期的に把握するとともに、必要に応じて適切な措置を施すことを目的とする。

　定期点検は、日常点検で点検を行わない箇所や日常点検の箇所を詳細に点検し、一定期間ごとに変状を確認するために行う。そのため、日常点検より積極的に変状を探そうとする行為といってもよい。

　日常点検は、建築物の所有者が自ら行う場合もあるが、定期点検は、依頼者との契約に基づき行うことを基本とし、その範囲、方法については、建築物の使用目的や使用環境により取決めを行う。点検者が、変状を確認した場合、必要に応じて適切な措置を行うのは日常点検と同様である。

5.4.2　定期点検の方法

⑴定期点検の方法は、目視を基本とし、必要に応じて簡易な道具を用い、建築物の状態を把握する。

⑵点検者は、点検に関する専門的知識を有する技術者とする。

⑶改修工事後のウレタン塗膜防水層の定期点検では変状が仕上塗料層のみに認められるか、ウレタン塗膜防水層まで劣化が進行しているかを調査し、劣化範囲を把握することが重要である。

　部分的な補修工事後のウレタン塗膜防水層の定期点検では、補修部分と補修対象とならなかった部分（劣化が少なく未補修で、点検を継続することとなった部分）とで劣化進行度が異なることを踏まえた点検が必要である。また、部分的な補修工事後の定期点検では補修部分と未補修部分の境界周辺についても注意して点検する必要がある。

⑷定期点検に際しては、保全の履歴を確認する。

⑸定期点検の頻度は特記による。

⑹定期点検の結果は、記録する。なお、変状のある場合は、写真による記録も行う。

⑴定期点検の方法は、日常点検と同様に、建築物を巡回し、外観の目視による点検を基本とするが、手の届く範囲の触診なども含む。目視により、変状が確認されたものについては、カメラ等を用いて記録を行う。また、変状が確認される前の状態と比較が容易となるよう、変状が確認できた箇所と同様の変状が生じる可能性がある箇所の記録をカメラ等で撮影しておくことも有効である。なお、必要に応じてクラックスケールなどを用いる場合もある。

⑵定期点検は、日常点検とは異なり、建築物の所有者、管理者から依頼を受けた専門知識を有する技術者が行うこととする。専門的知識を有する技術者とは、下記に示す有資格者などが想定される。

　①一級建築士・二級建築士・一級建築施工管理技士・二級建築施工管理技士（建築・躯体・仕上げ）（国家資格）

　②特定建築物調査員（(一財)日本建築防災協会）

　③建築仕上診断技術者、建築・設備総合管理士（(公社)ロングライフビル推進協会）

　④マンション改修施工管理技術者（(一社)マンション計画修繕施工協会）

　⑤マンション維持修繕技術者（(一社)マンション管理業協会）

　⑥コンクリート診断士（(公社)日本コンクリート工学会）

　⑦建築仕上げ改修施工管理技術者（(一財)建築保全センター）

⑶ウレタン塗膜防水層の定期点検では以下の項目について目視観察等により点検する。

　①防水層の破断の有無

　②防水層端末のはがれの有無

　③防水層の膨れの有無

　④シーリング材のひび割れ、剥離等の劣化の有無

⑤仕上塗料（トップコート）の消失の有無

定期点検時の注意事項として解説図 5.1 に示すような内容がウレタンゴム系防水材製造業者から提供されている。

■ 定期的にドレンを清掃してください。　目安 2回以上/年

飛来した砂塵や枯葉がドレンに詰まってプール状になることがありますが、この状態で放置しておくと防水層の劣化を促進させてしまいます。
お客様にとって大切な資産だからこそ、定期的な清掃をおすすめします。
立地環境により一概には言えませんが、梅雨前の6月、枯葉が飛来する11月に確認するのがよいでしょう。
ただし、建物の周辺に公園や田畑がある場合は飛来物が多量になるため、お客様の建物に合わせて清掃回数を増やしてください。

■ 定期的に防水層の状態を確認してください。　目安 1回以上/年

防水層の定期点検は、人間に例えると定期検診と同じです。
定期的に健康状態を確認し、万一、病気にかかっている場合でも早期発見・早期治療で健康を確保できます。
定期清掃に合わせて、次のポイントをお確かめください。

- ● 防水層に破断が生じていないか。
- ● 防水層の端末が剥がれていないか。
- ● 防水層にフクレが生じていないか。
- ● シーリングの口開きが生じていないか。
- ● トップコートが消失していないか。

万一、不具合が発見された場合は、営業担当までご連絡ください。
お電話で内容を確認させていただいた上、必要に応じて点検員がお伺いいたします。

解説図 5.1　定期点検の周知事項

ウレタン塗膜防水層の劣化は表面から進行するが、定期点検において、①仕上塗料が消失して劣化がウレタン塗膜防水材層まで達している、あるいは、②劣化は仕上塗料層内に止まっておりウレタン塗膜防水材層には達していない、のいずれであるかを観察することが非常に大切である。

ウレタン塗膜防水層の補修・改修工法は、第3章の解説表3.9 に示されるように「仕上塗料部分塗り補修工法」、「仕上塗料全面塗り補修工法」、「防水材部分塗り重ね補修工法」、「防水材全面塗り重ね改修工法」、「防水材部分撤去再施工補修工法」および「防水材全面撤去再施工改修工法」のいずれかで対応することとなる。この場合、Ａ劣化が仕上塗料層にとどまっているか、Ｂウレタン塗膜防水層まで劣化が及んでいるか、Ｃウレタン塗膜防水層の劣化が深部にまで及んでいるかにより、また、それらの劣化が、⑦部分的であるか、①全面的であるかにより補修・改修工法が選択される。その組み合わせを解説表5.2 に示す。

解説表 5.2　定期点検時の劣化状態から考えられるウレタン塗膜防水層の補修・改修工法

劣化の深さ ＼ 劣化の広がり	⑦部分的	①全面的
Ａ 劣化が仕上塗料層にとどまっている	仕上塗料部分塗り補修工法	仕上塗料全面塗り補修工法
Ｂ 劣化がウレタン塗膜防水層まで及んでいる	防水材部分塗り重ね補修工法	防水材全面塗り重ね改修工法
Ｃ 劣化がウレタン塗膜防水層の深部や下地にまで及んでいる	防水材部分撤去再施工補修工法	防水材全面撤去再施工改修工法

2章の解説表2.8 に示された表層劣化レベルを参照すると、Ａ劣化が仕上塗料層にとどまっているの

は表層劣化レベル①～④、B劣化がウレタン塗膜防水層まで及んでいるのは表層劣化レベル⑤、C劣化がウレタン塗膜防水層の深部や下地にまで及んでいるのは表層劣化レベル⑥となっている。

　また、「仕上塗料部分塗り補修工法」、「仕上塗料全面塗り補修工法」、「防水材部分塗り重ね補修工法」、「防水材全面塗り重ね改修工法」、「防水材部分撤去再施工補修工法」および「防水材全面撤去再施工改修工法」のいずれで補修・改修するかについては、設計者が建築物所有者または管理者と相談して作成した改修工事後の保全計画に明示されていることが望ましい。

　理想としては、改修工事後のウレタン塗膜防水層を次にどのような工法で補修・改修するかが明示された保全計画に基づいて定期点検を行い、想定した表層劣化レベルに到達した場合に、調査・診断が必要な旨を依頼者に報告することが望ましい。

⑷事前の契約段階において定期点検における重点箇所を定め、定期点検の具体的かつ詳細な内容を定めるために、保全の履歴の確認する必要がある。そのため、定期点検を実施する場合は、従前の保全に関する履歴や事故等に関する履歴についての書類確認や聞き取りを行う。定期点検は、日常点検の実施状況も考慮して実施される点検であることから、従前の履歴を確認することも重要である。日常点検で保全に関する記録のある箇所や補修・改修履歴のある箇所を重点的に点検すること等により、新たな変状の発生を未然に防ぐことへの近道にもなる。

⑸点検の頻度は、建築物の所有者または管理者との契約で特記として定める。特記のない場合は、1年に1回以上行うのが望ましい。なお、点検の頻度を特記とした理由は、建築物の点検に関する契約状況等の実情に応じて柔軟な運用ができるように配慮したためである。頻度を多くすることで、必ずしも変状の検出精度が高くなるともいえず、計画的な点検の実施がより重要である。

⑹点検結果の記録は、必ず残すこととする。記録媒体は、記録用紙でも、電子媒体（表計算ソフト・文書ソフト・写真記録等）でも構わない。ただし、記録日時・記録部位・記録者・変状のある場合は変状の程度等・保全の記録は、後から参照できるように整備しておく。

5.4.3　保守

> 　点検者は、定期点検において、確認された変状のうち、軽微な作業により対処できるものについて措置し、その内容を記録し、依頼者に報告する。

　保守の目的は、対象物の初期の性能および機能を維持することである。点検者の保守の範囲は、ドレンのつまり・はずれ等において、点検者の安全が確保できる程度とし、予めこの点検の契約において実施する旨の取り決めをしておく必要がある。保守を行う者は、点検者とするが、調査・診断を要することのない変状の場合でも、専門工事業者の措置が必要な場合もあり、広範囲の汚れの除去や長い距離の側溝の汚泥物の除去など、点検者のみでは対処できないような場合がある。

5.4.4　応急措置

> 　点検者は、部材・部品の落下、飛散等のおそれや漏水がある場合は、応急措置を講じるとともに、直ちに、その内容を依頼者に報告する。

　応急措置については、基本は日常点検と同様である。応急措置の内容は、記録を行い依頼者に報告する。

5.4.5　報告

> ⑴点検者は、定期点検の結果を、保守の内容を含め、速やかに、依頼者に報告する。
>
> ⑵点検者は、応急措置を行った場合は、その内容を依頼者に報告する。なお、調査・診断が必要と判定された場合は、その旨を依頼者に報告する。

⑴点検者は、定期点検の結果を、保守を実施した場合は、その内容を記録し、速やかに依頼者に報告しなければならない。定期点検の報告は、部位・箇所、点検日、天候、記録者、点検方法、状態を点検記録として記入するとともに、変状の部位、状況が分かるように図面等への記入を行い、点検チェックシートを添付する。

また、点検者は、建築物に著しい変状が確認され、調査・診断が必要と判定された場合には、その旨を依頼者に報告する。

⑵応急措置の記録は、点検記録写真シート等を活用し、応急措置の前後の写真とその措置を記録しておく。ここでの記録は、定期点検の記録とともに、調査・診断の重要な資料となるため、応急措置の都度ごとに、依頼者に提出し、報告を行う。

5.5　臨時点検

5.5.1　目的

> 臨時点検は、外壁のはく落、著しい漏水などが発生した場合、または地震、台風、火災等の発生後に、依頼に応じて、それらの建築物への影響を把握することを目的として実施する。

臨時点検は、日常点検、定期点検と異なり、不定期に契約範囲外で臨時に依頼するもので、特に人命に被害を及ぼす可能性のある事項に関しては、最優先に実施される必要がある。また、臨時点検の動機は、外壁のはく落や著しい漏水など、第三者の人命に被害を及ぼす影響のある事項や建築物の機能として通常の使用に支障をきたすおそれのある事項であり、依頼の目的を勘案し、点検が実施されなければならない。

例えば、一見して目視による変状のない場合でも、地震、台風、火災等の発生後には、臨時点検を行う必要がある。地震や台風などが発生した場合には、常時の荷重条件や経年による変状では発生しない箇所に変状が発生する場合があり、より入念な点検が要求される。

そのため、臨時点検は、建築物の所有者、管理者から依頼を受けたそれぞれの点検の対象物に応じた専門的知識を有する技術者が行うことが望ましい。

なお、大地震等が発生した場合には、建築物の所有者や管理者からの依頼に基づかない状況も考えられ、行政から依頼された応急危険度判定員による応急危険度判定が行われる場合もある。これは、民間の依頼による調査等が行われる前に、二次被害を防止する目的もある。

5.5.2　臨時点検の方法

> ⑴臨時点検の範囲と方法は、定期点検の範囲と対象とする変状、および定期点検の方法による。
>
> ⑵臨時点検の結果は、記録する。なお、変状のある場合は、写真による記録も行う。

⑴臨時点検の範囲と実施方法は、原則として定期点検の範囲と対象とする変状、定期点検の方法に準拠して、依頼の目的によりその内容を依頼者と協議して決定する。ただし、臨時点検は、一般には緊急に行うことが多く、想定しない変状が発生している可能性がある。また、点検の範囲および方法は、点検の進捗に応じて随時変更される場合もあるため、定期点検の実施範囲および方法に準拠して行うことを原則とした。

⑵臨時点検の結果は、定期点検チェックシートおよび点検記録写真シートにして記録を残し、調査・診断の調査者が、基本資料とすることができるようにしておく。

5.5.3　応急措置

> 漏水がある場合は、応急措置を講じるとともに、直ちに、その内容を依頼者に報告する。

基本的には、日常点検および定期点検における応急措置と同様であるが、臨時点検の応急措置は、緊急性がより高く、その内容も多い。

応急措置は、部材・部品の落下、飛散等のおそれや漏水がある場合に行う。

ウレタン塗膜防水層に対する応急措置として、具体的には下記のようなものが考えられる。

　・漏水発生箇所のシートや簡易な止水材料による止水措置

　・建築物所有者・設計者・施工者等への連絡

応急措置は、上記の内容について事前に依頼者の承諾を得ておくか、またはその行為を行うことについて、依頼者の承諾を得ることが必要である。これは、定期点検における、応急措置と同様である。

さらに、臨時点検による応急措置は、日常点検や定期点検時における応急措置より危険な場合もあるため、点検者の身の安全を確保しながら、点検を行うのはいうまでもなく、二次災害に遭わないように最善の注意を払う必要がある。また、応急措置は、専門の施工業者を手配しなければならない場合もある。

5.5.4　報告

> 点検者は、変状の有無・内容、および調査・診断の要否を含む臨時点検の結果を、速やかに、依頼者に報告する。

臨時点検は、緊急を要する場合の点検であるため、点検の結果は、速やかに依頼者へ報告する必要がある。建築物に著しい変状が確認され、より詳細な調査・診断が必要と判定された場合には、点検記録写真シート等を活用し、その旨を点検者が依頼者に報告する。

付属資料 1
「建設業における墜落・転落防止対策の充実強化に関する実務者会合」資料抜粋

１．はじめに

　厚生労働省は、2018 年度、専門家や建設現場の安全に精通した者からなる標記実務者会合を開催し、近年における墜落・転落災害の発生状況や足場に係る墜落防止措置に関する実施状況等を分析・評価した上で、墜落・転落災害の防止対策を一層充実強化していくために、労働安全衛生法令の改正も視野に必要な方策について検討した。本附属資料では、標記実務者会合に提供された公開資料の中から防水改修工事に関連のあるものを抜粋して示す。

２．建設業における事故災害での死亡者数の推移

　平成 15 年から平成 29 年までの建設業における事故災害での死亡者数の推移を図 1 に示す。図 1 に示されるように建設業における死亡事故は長期的には減少傾向にあるが、平成 29 年の死亡者数は 323 人となっている。

　また、事故の分類では墜落・転落による死亡者が最も多い。平成 29 年では、135 名（41.8%）が墜落・転落により死亡している。

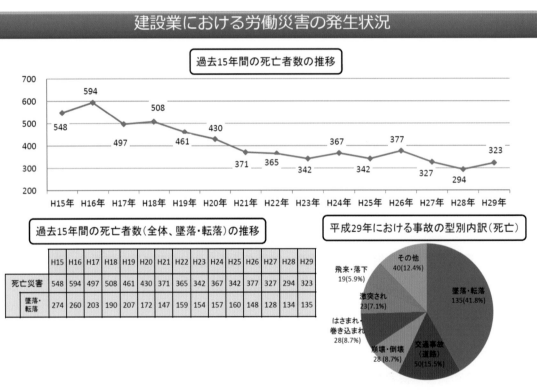

図１　建設業における過去 15 年間の死亡者数の推移と事故の型別内訳

３．墜落・転落災害の内訳

　図１に示した平成 27 年および平成 28 年の墜落・転落による死亡者(262件)の詳細な原因を図２に示す。図２に示すように屋根・屋上・床上から（作業床あり）の墜落・転落は 87 件であり、高い割合を示している。

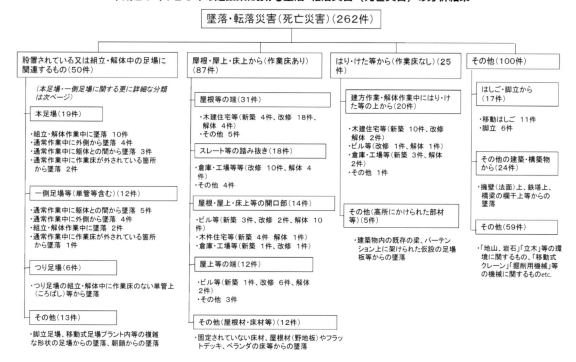

図２　平成 27 年・平成 28 年の墜落・転落事故の内訳

４．墜落・転落事故の詳細

　図２に示した平成 27 年・平成 28 年の屋根・屋上・床上から（作業床あり）の墜落・転落 87 件の詳細を表１に示す。ウレタン塗膜防水工法による屋上防水改修工事に関連があるものについてはマーキングを行った。個別事故例から考えると、屋上端部からの墜落・転落防止は重要であると考える。屋上防水の改修工事においては以下のようなことが指摘できる。

①新築工事では仮設足場等を利用することにより屋上端部からの墜落・転落防止策が講じやすい。また、元受け業者等が労働安全衛生について管理を実施して墜落・転落防止対策を講じるものと考えられる。

②改修工事においては仮設足場が提供されているとは限らない。また、防水工事業者が元受けとなる場合には、防水業者が労働安全管理を行い、墜落・転落防止策を講じる必要がある。

　以上のような理由から、「ウレタン塗膜防水工法による屋上防水改修工事指針・同解説」においては、墜落・転落対策の具体例について提案している。

表1　平成 27 年・平成 28 年の屋根・屋上・床上から（作業床あり）の墜落・転落事故（87 件）の詳細

災害の種類 （墜落箇所等）	概要	番号
	社会福祉施設の新築工事現場において、3階屋根（庇）上で作業を行っていたところ墜落した。躯体の周囲には本足場が設置されていたが、手すり等がなくすり抜けた。	1
屋根等の端からの墜落	住宅の屋根瓦葺き替え工事現場において、屋根上で瓦を剥がす作業をしていたところ墜落した。	2
	2階建ての建物の屋根上において、スコップを用い、雪庇を除去する作業を行っていたところ墜落した。	3
	住宅の増改築工事において、1階屋根上で配線作業を行うにあたり移動していたところ墜落した。	4
	鶏舎の屋根上に荷揚げされた屋根材の運搬作業をしていたところ、足を滑らせ転倒し、傾斜のある屋根上を滑りそのまま墜落した。	5
	住宅の解体現場において、建屋の屋根上で屋根瓦を外す作業をしていたところ墜落した。	6
	農作業小屋のトタン屋根張替工事において、トタン上でトタンを固定しているボルトを外していたところ、トタンが被災者を乗せたまま屋根から落下し、ともに墜落した。躯体の周囲には足場はあったものの手すり等はなかったためにそのまま墜落したもの。	7
	平屋建ての作業小屋増築工事において、屋根上で垂木に野地板を取り付ける作業中、軒先から墜落した。	8
	住宅の解体工事現場において、2階の屋根の上で瓦おろし作業を行っていたところ墜落した。	9
	幼稚園建替え工事において、1F屋根上で防音パネルの受け渡しをしていたところ、足を滑らせ墜落した。	10
	住宅の屋根修理工事において、屋根上を移動していたところ、足を滑らせ墜落した。	11
	住宅の屋根塗装工事において、屋根上を水洗浄作業中、1階屋根上から墜落した。	12
	住宅の塗装工事現場において、2階屋根上で塗装作業を行っていたところ自らが塗装した箇所で足を滑らせ転倒した。屋根上の雪止めで一度は止まったものの、躯体周囲に設置された足場の単管につかまろうと飛び移ったところつかみ損ね墜落した。	13
	住宅の屋根の塗装作業を行っていたところ、屋根から滑り落ち墜落した。	14
	住宅の屋根の塗装作業を行っていたところ、屋根の端から墜落した。	15
	2階建て住宅の解体工事現場において、2階の屋根上で瓦をはがす作業をしていた際、後ろ向きで作業を進めていたところ墜落した。	16
	住宅2階部分の屋根の葺き替え工事において、屋根瓦を撤去しビニールシートを設置していたところ、屋根の端から墜落した。	17
	2階壁面の補修作業において、地上にいる同僚から材料を受け取るために1階の屋根上を移動中、足を滑らせ墜落した。	18
	2階建ての集合住宅の建築工事現場において、屋根上で野地板を張る作業をしていたところ屋根の端から墜落した。	19
	屋根瓦の補修工事にて屋根上で作業をしていたところ転落し、軒先のタキロン屋根を突き破り墜落した。	20
	2階建ての住宅改築工事において、1階屋根の瓦桟の固定作業中、軒先から足を踏み外し墜落した。	21
	2階建て住宅の新築工事現場において、2階屋根の屋根葺き（野地板釘打ち）作業を行っていたところ、足を滑らせ墜落した。	22
	2階建て住宅の1階屋根上で、外壁の補修作業を行っていたところ墜落した。	23
	倉庫の2階屋根の清掃作業後に、1階屋根上に設置した脚立を使っておりようとしたところ、脚立が滑動し、脚立ともに1階屋根上から墜落した。	24
	住宅の2階屋根の葺き替え作業を行っていたところ、雨に濡れたトタンに滑り、屋根の端から墜落した。	25
	住宅の2階屋根の塗装作業に当たり、1階屋根上に設置した脚立を昇降していたところ、脚立が転位し、脚立とともに1階屋根上から墜落した。	26
	住宅の2階屋根上でアンテナ取付作業を行っていたところ。雨に濡れたトタンに滑り、屋根の端から墜落した。	27
	住宅の2階屋根上で太陽光パネル設置作業を行っていたところ、屋根の端から墜落した。	28
	住宅の2階増築工事において、部材を運ぶため1階屋根上を移動していたところ墜落した。	29
	住宅の2階屋根の端部で屋根塗装作業を行っていたところ墜落した。躯体周囲に一側足場が設置されていたが、作業床と中さんの間を抜けて足場外部に墜落した。	30
	2階建て住宅の解体工事において、2階屋根上で瓦撤去作業をしていたところ墜落した。	31
	既存のスレート屋根部分の改修工事のため、スレート屋根上で防網を敷く作業を行っていたところ、スレート屋根を踏み抜き墜落した。	32
	資材置場の解体工事において、スレート屋根の取り外し作業のため屋根上を移動中に、スレートを踏み抜き墜落した。	33
	資材倉庫のトタン屋根張り替え工事において、屋根の撤去作業中、トタン屋根を踏み抜き墜落した。	34
	工場等建屋のスレート屋根の屋根材取替作業の準備作業のため屋根上を移動中、明かり取りのために設置されたFRP製の屋根材を踏み抜き墜落した。	35

分類	災害事例	No.
スレート等の踏み抜きによる墜落	工場のスレート屋根補修作業において、屋根上を移動していたところ、腐食していた根太がおれ、スレートを踏み抜き墜落した。	36
	民家駐車場の屋根改修作業(塩ビ製の既存屋根材を張り替えるもの)において、既存屋根上でバランスを崩し、手をついたところ、屋根を破り墜落した。	37
	スレート壁及びスレート屋根の解体工事において、取り外したスレート壁を運んでいたところ、通路としていたスレート屋根を踏み抜き墜落し死亡した。	38
	太陽光発電設備設置工事の準備のため、屋根上で材料の運搬をしていたところ、明かり取り用の窓を踏み抜き、墜落した。	39
	テント倉庫の屋根補修工事において屋根上を移動していたところ、ビニール製の屋根材を踏み抜き墜落した。	40
	工場解体工事において、スレート屋根上で屋根の撤去作業を行っていたところ、踏み抜いて墜落した。	41
	住宅の倉庫のスレート屋根取り外しのため、当該屋根上で作業を行っていたところ、踏み抜いて墜落した。	42
	プレハブ小屋の庇として塩化ビニル製の波板を敷設する作業にあたり、仮止めした波板上を移動していたところ、踏み抜いて墜落した。	43
	スレート屋根上でビス止め部分へのコーティング作業を行っていたところ、当該スレート屋根踏み抜き墜落した。	44
	高所作業車を用いて工場屋根の雨樋の補修作業を行った後、当初予定していなかった、雨漏り補修のためのコーキング作業のため、スレート屋根に上り移動していたところ、スレートを踏み抜き墜落した。	45
	廃倉庫の屋根解体工事において、親綱の設置作業のため屋根上に上ったところ、トタン屋根、野地板を踏み抜き墜落した。	46
	倉庫の屋根補修工事において、スレート屋根上で明かり取り作業を行っていたところ、スレート屋根を踏み抜き墜落した。	47
	工場の屋根端部に仮置きされた資材を運搬するため、屋根上を移動中、屋根の採光部分(FRP製)を踏み抜き墜落した。	48
	工場の屋根修理工事において、スレート屋根の雨漏り修理作業を行っていたところ踏み抜き、墜落した。	49
屋根・屋上・床上等からの墜落等の開口部	2階スラブ上において作業場所に移動していた際に、開口養生用の固定されていない蓋板に足をかけたところ、当該蓋板が外れ開口部から墜落した。	50
	住宅の解体工事において3階から内装ボードを地上に落とし入れていたところ開口部から墜落した。建屋に開口部を設けた後、解体したドアで開口部を塞ぐ措置を講じていたが、災害時には外されていたもの。	51
	建物の2階床面の墨出し作業において、床面に開口部があるとの認識を持たずに、設置されていた覆いを持ち上げ、これにより開口部が見えないまま、墜落した。	52
	住宅の屋根上で防水シートの貼り付け作業をしていたところ、屋根上の開口部(中庭のため吹き抜けとなっている箇所)から墜落した。	53
	ビルの屋根修繕工事において、水糸引き作業中、蓋付きの冷気取り入れ口に乗ったところ、蓋が開き開口部から墜落した。	54
	ビル解体工事で、解体中の建物6階で作業中、床面に廃棄物投下のため設けられた開口部から墜落した。	55
	ビルの解体工事において、屋上で単管を持って移動していたところ、屋上から1階まで吹き抜けとなる開口部から墜落した。	56
	作業構台上の立入禁止区域内に立ち入ったところ、設けられていた開口部から墜落した。	57
	洗車場の屋根の改修工事において、トタン屋根の張り替え作業を行っていたところ、はがし終えた箇所の開口部から墜落した。	58
	10階建て集合住宅の改修工事現場において、屋上で仮設ケーブルの撤去作業中、地面から吹き抜けとなっている箇所で墜落した。	59
	工場建設工事において屋根上で防水シートを設置する作業を行っていたところ、屋根上に設けられたルーフファン用の開口部から墜落した。	60
	ビルの解体工事中、屋上において、廃材を廃棄物投下用の開口部へ投下していたところ墜落した。	61
	ビル解体工事に当たり、作業のため移動していた労働者が7階の廃棄物投下用の開口部から墜落した。	62
	ビル建築工事において、現場内を移動中、1階開口部から地下1階に墜落した。開口部は当初ベニヤ板によりふさがれていたが、ベニヤ板を外し、単管手すりを設置する作業を行うまでの間(カラーコーンで注意喚起していた間)に発生したもの。	63
屋上等の端からの墜落	5階建て共同住宅の屋上において、雨漏り箇所の目視確認作業中、屋上から墜落した。	64
	公共施設の屋根工事において、屋根の端部の排水溝の金網設置作業を行っていたところ墜落した。建物外周にはほぼ足場が設置されていたが、墜落箇所(建築物の端)には足場が途切れていたもの。	65
	7階建てビルの解体工事において、上層階の外壁ボードの撤去のため、隣のビルの屋上で作業していたところ、作業を行っていた屋上の端部を移動中に墜落した。	66
	4階建てビルの屋上にある高架水槽の配管工事において、配管の保温材巻き付け作業を行っていたところ、当該屋上の端と外部足場との隙間から墜落したもの。	67
	ビル新築工事現場において、6階梁型枠上でコンクリート打設作業中、バランスを崩して躯体端部から墜落した(6階の周囲には、足場が組まれていなかった。)。	68
	2階建て建物屋上の防水シート張り作業において、後退しながらテープ張りを行っていたところ、建物縁を乗り越え墜落した。	69
	工場の解体工事現場において、屋上に設置したプレハブを解体し、その屋根材を投げ下ろしていたところ、屋根材に革手袋が引っかかり、ともに墜落した。	70
	学校校舎屋根上の雪下ろし作業をしていたところ、落雪が発生し、これに巻き込まれて墜落するとともに雪に埋まった(死亡2名)。	71，72
	マンション防水工事現場において、屋上で防水用シートロールの設置を行う際に、後退しながら作業をしていたところ、屋上端部のパラペットを乗り越え墜落した。	73
	3階建てのビル解体工事現場において、ビル屋上に設置されていた建屋の解体で生じた窓サッシ材を移動させていたところ、解体により撤去された当該建屋の端から墜落した。	74

	アパートの屋上防水改修工事において、後退しながら既設防水シートの切断作業をしていたところ、屋上の端から墜落した。	75
その他（屋根材・床材等）からの墜落	雨水受けタンクの設置状況を確認するため、タンク上部においてマンホールの蓋を開けたところ、バランスを崩し蓋とともにタンク床面に墜落した。	76
	個人住宅のベランダ改修工事において、ベランダの床板を外す作業中に、ベランダ床材に乗ったところ、木製の梁が腐食していたため梁とともに墜落した。	77
	屋根の解体作業中、屋根材を切断することにより、母屋（下の支え）がなくなった部分に乗ったことにより墜落した。	78
	作業構台上でソーラーパネルの撤去作業中、当該ソーラーパネルに玉掛用ロープをかける前にパネルを固定する番線を切断したため、パネルがバランスを崩して落下し、これに巻き込まれた。	79
	住宅新築工事において、2階床材の貼り付け作業中、後退しながら作業をしていたところ床材の端（床材が張られていない部分）から墜落した。	80
	住宅新築工事において、2階床材の貼り付け作業中、梁上で足を踏み外し、墜落した。	81
	倉庫の屋根を設置するため、屋根下地の上に作業床を設置し、屋根材（鋼製波板材）の取付を行っていたところ、突風により屋根材が吹き上がり、バランスを崩し墜落した。	82
	店舗の解体工事において2階のコンクリート製ベランダ端部で清掃作業をしていたところ、下部の梁が切断されていた当該箇所が崩落し墜落した。	83
	工場の天井部分の改修工事において、工事用に設置したつり足場を解体する際に、当該足場下の作業構台上に立てかけていた足場部材が倒れ、これにより作業構台の上から墜落した。	84
	ビル解体工事において、4階スラブ上でデッキプレート及び小梁を切断していたところ、スラブの一部が崩壊し、スラブ上から1階まで墜落した。	85
	ビル建築現場の4階フラットデッキ上で作業していたところ、フラットデッキの突起部につまずいたことにより、フラットデッキが梁から脱落し墜落した。	86
	住宅新築工事で2階床貼り作業を行っていたところ、梁の上に仮置きされた、固定されていない床材の上に乗ったため、床材とともに墜落した。	87

付属資料2 「足場の種類について」

	種別	タイプ	特徴	用途	基本部材構成
二側足場＝本足場	くさび緊結式足場	・一定間隔に緊結部を備えた鋼管を支柱とし、手すりや筋交などを支柱の緊結部にくさびで緊結する	・低コスト ・レッカー不要（人力組立て可能） ・工期が短い ・複雑な形状に対応しやすい	・低層住宅工事 ・中層建築工事 ・高層建築物の外壁の塗替え等短期間の補修工事 ・適用高さ〜45m	・ジャッキ、支柱、てすり、踏板、ブラケット、鋼製階段、先行てすり、壁当てジャッキ
	枠組み足場	・鋼管を門型に溶接された建枠を中心にジャッキ、筋交、鋼製布板などの基本部材を組立てる	・高層建築に使用 ・資材強度が強い ・組立て時の騒音が少ない	・建設現場のビルの外壁面 ・適用高さ〜45m	・建枠、ジャッキ、筋交、ジョイント、アームロック、布板、壁つなぎ、ジョイント／ピン、手すり
	単管足場	・地面と垂直方向に単管パイプを2本立て、その2本に水平方向に単管パイプを渡し、渡した単管パイプの上に踏板を渡して作業床を作る	・一側足場よりもスペースを使う分、安定性があり、より高く足場を組むことが可能	・くさび、枠組みでは設置困難な狭い場所や小規模な現場 ・適用高さ〜31m	・単管パイプ、固定ベース、クランプ、単管ブラケット、踏板、ジョイント
一側足場	単管足場	・地面と垂直方向に単管パイプを1本立て、垂直方向の単管パイプを挟むように2本の単管パイプを地面と並行方向に設置し、作業床を作る	・狭い場所でも足場を組むことが可能 ・主に使う資材が単管とクランプのため、組立てが簡単 ・部材がホームセンターなどで簡単に手に入る	・くさび、枠組みでは設置困難な狭い場所や小規模な現場 ・適用高さ〜15m	・単管パイプ、固定ベース、クランプ、単管ブラケット、足場板、ジョイント

ウレタン塗膜防水工法による
屋上防水補修・改修工事指針・同解説

2022 年 6 月 15 日　第 1 版
2023 年 3 月 31 日　第 2 版

発行・著者：一般社団法人 建築防水安全品質協議会
　　　　　　建築防水環境安全委員会

発　売　元：㈱テツアドー出版
　　　　　　〒 165-0026　東京都中野区新井 1-34-14
　　　　　　TEL 03-3228-3401
　　　　　　http://www.tetsuadobook.com

本 体 価 格：2,800 円（税別）